維新ぎらい

Oishi Akiko
大石あきこ

講談社

装幀　岡　孝治
写真　柏原　力

序章

橋下徹と私：似て非なる者

——転機となった「14年前の出来事」

はじめての直接対決

はじめて橋下徹氏と対面したのは2008年3月13日、大阪府庁の朝礼の場でした。私は府職員で、大気汚染や廃棄物の規制をする部署に勤務していました。大阪府知事に当選した橋下氏が職員に向けて訓示をするというので、上司に出席するよう促されたのです。

「府庁を変えるのは知事でも幹部でもなく、第一線の職員であるみなさんです」

リップサービスは第一声だけで、二言目には新知事からの宣戦布告が待っていました。

「本当は始業前に朝礼をしたかったけど、超過勤務になると言われてできなかった」

「民間では始業前に準備や朝礼をするのが普通。そんなこと言ってくるなら、勤務時間中のたばこや私語も一切認めない、給料カット」

朝礼の開始時刻は午前9時15分でした。「9時から始めたい」と主張したのに、頭の固い公務員のせいで思い通りに事が運ばなかった、と橋下氏は訴えたかったようです。批判しだしたらスイッチが入って自分でも止められない——そんな様子でした。

朝礼には30歳以下の若い職員だけが集められました。私はちょうど30歳でした。中高年の職員との間に一線を引くことで、「君たち若手こそが改革の主役である」というメッセージを送りたかったのでしょう。古くさい公務員体質を一掃するつもりで自分は府知事になった、若い職員の皆さんなら共感してくれるはずだ——約３００人の職員にそう伝えたかったのだと思います。

「意見があるなら言ってほしい」

一通りの話を終えた後、こちら側に水を向けてきた橋下知事に、私は立ち上がって言いました。

「ちょっと待ってくださいよ。どんだけサービス残業やってると思ってるんですか」

まさかこんな生意気な職員がいるとは予想していなかったのかもしれません。橋下知事は一瞬驚いたような顔を見せましたが、「だからそういうことをぜひ言ってください」と大人の対応を見せました。私はさらに続けました。

「今の府庁に問題はありますよ。でも、それは職場で職員が信頼関係をつくり、上も下もなく、府民のための仕事を本気で議論することでしか解決しません」

「あなたは若い職員に『上司に不満があれば自分にメールを送って』などときれいなことを言うが、職場をバラバラにしている。職員と府民を分断している。あなたのやろうとしていることは逆ばかり」

次第に場の空気が凍りついていくのがわかりました。橋下知事は黙って聞いています。最後は「ありがたい意見。どんどん言ってほしい」と言って朝礼を締めくくりましたが、終了後に廊下を歩く表情は「鬼のような形相だった」と近くにいた職員から聞きました。

「自治体経営に革命を起こす」と言って府庁に乗り込んできた橋下知事。選挙の過程でも「公務員のケツを蹴る」などと叫んで、テレビが英雄のように取り上げました。誰かが「あなたのやっていることは人権侵害だ」と声を上げなければ、公務員をはじめ、すべての労働者がひどい目にあうと考えました。

この時、私の「どんだけサービス残業」はそのキャッチーさから世論を大きく二分しました。橋下人気が絶頂のころだったので、改革派知事に盾突くヒラ職員は、世間には目障りだったのでしょう。市民からも「自分はサービス残業をしていないくせに、橋下さんに文句を言うのか」と叩かれました。

府庁への抗議電話は約1000件に上り、私のいる部署や総務部の電話はパンクしました。窓口に「革命戦士のいる部署はここか」と言って直接乗り込んでくる年配の男性もいました。インターネットの掲示板「2ちゃんねる（現・5ちゃんねる）」には、ピーク時に一晩で20ものスレッドが立ちました。スレッド一つに1000件の意見が載るので、その数2万件。もう大炎上です。いちいち内容を確認していたらたまらないので、代わりに身内が見てくれました。「今から刺しに行くので深夜バスに乗る」といった殺人予告まであり、気が休まりませんでした。橋下知事への殺人予告であれば捜査されていたでしょうに。

励ましてくれる人たちもたくさんいました。「朝礼であなたが言った『職員と府民を分断している』というフレーズは、このすさんだ社会で久々に心が洗われる一服の清涼剤でした」と言った元上司がいました。一緒に仕事をしたある市役所の人は「勇気ある行動に敬意を表します」と話しかけてくれました。無数の励ましが届きました。

振り返れば、私はあの時をきっかけに自分の中の何かが変わりました。一夜にして、一個人としてバッシングを受ける人生にシフトしたのです。「過去の大石あきこには戻れない。この先どう生きるのか」と問われている気がしました。人としての尊厳は手放したくない。でも不当な圧力には抗《あらが》うしかない。闘うのか、撤退するのか。「よし闘おう」と決めた転機でした。

嫌いな理由と共通点

2021年秋の総選挙で初当選し、私はれいわ新選組の衆議院議員になりました。あの時の因縁もあって、世間では私は橋下徹の天敵のように思われていますし、私もそのように振る舞っています。「橋下のことが嫌いか」と尋ねられれば、当然「嫌いです」。強い者にすり寄る反面、弱い者にはめっぽう強い態度で臨む処世術は組織をゆがませ、周りの人間を不幸にします。大阪府庁という空間でまさにそれが起きたのです。

しかし、この本を書くにあたって、「私は橋下徹と正反対なのか」と自問した時、奇妙な共通項があることに気づきました。

出身高校は共に大阪府立北野高校で、私は橋下氏の8学年後輩でした。いわゆる進学校でしたが、橋下氏の著書によると、しょっちゅう遅刻をし、斜に構えた態度で教員に接する姿が記されています。自分と同じとまでは思いませんが、私もまた、反抗的で遅刻の絶えない生徒だったのです。

そして現在、国会議員として慌ただしい毎日を送っていると、知らず知らずのうちに、他人に対して橋下氏のような言動をとってしまっている自分にふと気づく瞬間があり、「まずい」と反省することが実はあります（第1章に詳しく記します）。

また、橋下氏のケンカの目的は度しがたいものがありますが、ケンカの仕方については「ほんまに勝ちたかったら、絶対にひるんではいけない」というものであり、野党も少しは見習ったらどうだと思っています。

本当に「日本から出るしかない」？

しかし、やはり私と橋下徹さんは決定的に違うのです。

大阪府知事時代からの橋下さんを見ていると、この人にとっての人間の価値とは、成り上がるかどうかで測られるものなのだとつくづく感じます。また、社会や組織にとって「役に立つか立たないか」が非常に重要で、役に立つ人間を目指さない者や、橋下氏の価値観に異を唱える者には極めて冷淡です。弁が立つのはいいとして、相手と共通理解に到達するために論理を使うのではなく、相手を言い負かしてやろうとばかり考えているようなのです。

府知事時代、財政危機を煽る橋下知事は、私立高校への助成金削減プランを決め、これに反対する高校生と府庁で意見交換をしたことがあります。「学費の支払いが苦しい」と生活の窮状を訴える高校生に対し、橋下知事は「みなさんが完全に保護されるのは義務教育まで。高校生になったら自己責任が原則。誰も救ってくれない」と言い放ちました。高校生は涙ながらに「大阪の財政をよくするというのは、私たちが苦しむべきことなんですか」「他に削るべき支出があるのではないですか」と食い下がりましたが、橋下知事は「じゃあもう国を変えるか、この自己責任を求められる日本から出るかしかない」と持論を展開──。

愛のある教育施策を訴える高校生のほうがまっとうじゃないですか。いい年した府知事が、どんだけムキになっているんだと。高校生も最後まで自論を貫いたので、平行線に終わりました。この高校生には拍手を送りたいです。

橋下さんを見ていると、成り上がるかどうかがすべてであって、自らの力でのし上がってきたワンマン社長とイメージが重なります。「自分は頑張って成功を手にすることができたのだから、お前たちも努力すればできるはずだ」と、部下にも成功体験の再現を求めるのです。確かに橋下さんは苦労して弁護士になったんでしょう。そこで自助によって人は変わることができると体現した人物なのかもしれません。

しかし、社会全体で考えると、理不尽な環境におかれ、努力と競争でのし上がれるのはごく一部の人にすぎません。また、競争ありきの発想も、もう古いのです。競争をしても解決になりません。だから、橋下徹さんのような発想と違う日本を、世界をつくりたいと私は思うのです。

私はれいわ新選組の代表・山本太郎の話に、ハッとしたことがあります。ある講演会での参加者とのやり取りでした。「あなたは『生きているだけで価値がある』という。しかし、そんなのはまやかしではないか」という若い男性の質問に山本太郎はこう答えました。

「生きているだけで価値があると思えないのはある意味、当たり前です。だって今はそういう社会だから。だから『生きているだけで価値がある』と言うことからしか始まらない。そんな社会が見たいから、自分はそう言っている」

ああ、そうか、これは現状の社会に対し、希望を持てない自分もあなたも含めて変えていきたいという意志の提案だと感じました。いわば、これが山本太郎の憲法なのです。私もそんな社会を見たいし、つくってみたいと、そのとき思いました。

「大石さんは正義感が強いですね」と言われることがあります。でも、必ずしもそうではありません。自分の正義を無理矢理押し通そうとするパワハラ性のようなものに気づいて、はっとさせられる時もあります。

れいわ新選組代表の山本太郎は自らを「こらえ性のない人間」と評していますが、私も同じようにこらえ性のない人間です。小学生のころから反抗的な子どもでした。先生や親に反抗し、社会の主流に抵抗し……。自分が理解できないのに、人に何かを強要されるのは我慢できない性格です。正義感もあるつもりなのですが、むしろ強情な負けずぎらいなのではないかと自分を振り返っています。

そんな私でも、人生の時々で然るべき道へと導いてくれる出会いがありました。本書では、そうした私の半生についてもお話ししたいと思います。

橋下徹さんの世界観は、大阪の地域政党「大阪維新の会」に引き継がれ、その後、国政政党「日本維新の会」へとつながっています。大阪を中心に全国でも支持を広げており、2021年秋の衆院選では野党第2党に躍り出ました。「身を切る改革」をキャッチフレーズに、野党第1党に迫る支持率を得ています。リベラルな政策も掲げており、私たちれいわと同じ改革政党だと認識している有権者もおられます。ただ、両者には根本的な違いがあります。

維新が発足して10年あまりが経ちました。この間の大阪で何が起き、橋下さんや維新がどのような役割を果たしてきたのかを検証していきます。私がなぜ維新に嫌悪感を抱かずにはいられないのかも考察します。

それでは、本題に入りましょう。

維新ぎらい［目次］

第2章 私のたどってきた道――51

――不安と挫折から得たもの

第3章　政治家・大石あきこ——93
——仲間を増やして世の中を変えるために

第4章 私が「維新ぎらい」の理由——有権者をあざむく裏切りの〝だまし絵〟

第1章

橋下徹が大阪に残したもの

——公務員バッシングで得したのは誰？

ある上司の死

尊敬する上司の死を知ったのは、2010年10月中旬のことでした。

パソコンで職員の訃報が閲覧できる大阪府庁の「訃報システム」を見ていた時、かつて同じ職場で机を並べたNさんの名前を見つけました。

はじめてお会いしたのは2002年春、私が勤務していた交通環境課にグループ長として着任されました。穏やかな人柄で、部下を叱責したり声を荒らげたりすることがなく、グループ内の仕事がうまくいくようにいつも周囲に目を配ってくれる上司でした。飲み会や職場旅行などのレクリエーションにも付き合いがよかったので、部下からも慕われていました。

休暇を申請していたはずなのに、仕事があると職場に出てきてしまう熱心なリーダーでもありました。課員からは「実は複数の体を持っているらしい」とか「今日はNさん2号じゃないか」などと、タフな仕事ぶりをからかわれていましたが、本人は穏やかに笑って受け流し、風邪をひくこともなく元気に頑張っておられました。

私が府庁の「訃報システム」を閲覧する機会は、そのころまではめったにありませんでした。年齢もまだ若かったので、よく知る人が亡くなるのは珍しかったのです。ただ、２００８年に橋下徹氏が知事に就任すると、職場での管理や締め付けが厳しくなり、精神疾患だけでなく、現職の死亡が増えているのではないか、という声を耳にするようになりました。訃報システムに掲載された情報は一定期間の後に消えてしまいます。何か記録を取っておいたほうがよいのではないかと思い、２０１０年から死亡者の情報を保存するようになりました。

Ｎさんの訃報には、死因が記載されていませんでした。亡くなった方の死因がすべて明記されるわけではないのですが、何か事情があったのではないかと胸騒ぎがし、かつての同僚に事情を聴いて回りました。その過程で「どうやら自殺だったらしい」と伝えられました。お葬式もごく少数で行われたとのことでした。

職場のＮさんの机の中には、退職届とともに遺書が残されていたことが後にわかりました。部署内で自殺に関する箝口令《かんこうれい》が敷かれていたことも知りました。

〈仕事の課題・宿題が増え続け、少しも解決しません。
もう限界です。
疲れました。
グループ員がこのようなことにならないよう、配慮願います〉

短い文面の遺書でした。Nさんはなぜこれほどまでに追い詰められなければならなかったのでしょう。「グループ員がこのようなことにならないよう」との一文には、どんな意味が込められていたのでしょうか。調べていくうちに、次のような経緯がわかってきました。

ことの発端は、橋下知事の台湾訪問を巡るロジスティックス（手配仕事）にありました。経済交流のために企画された訪問は、2010年9月5日から4日間の日程で計画され、大阪という都市の潜在力や地元企業についての台湾側への売り込みを主な目的としていました。訪問が実現すれば、橋下氏は日中国交回復後初めて台湾を訪れた大阪府知事になるため、庁内でも重要なプロジェクトと位置づけられていました。

大阪の宣伝が目的である以上、台湾政府の要人との面会は不可欠な行程だったはずですが、橋下氏は台湾と難しい関係にある中国への配慮を理由に、直前になって担当部署の幹部に要人との会談のキャンセルを指示しました。商工労働部長以下、Nさんを含めた数人が、橋下氏の意向を踏まえて計画の練り直しに当たりました。

訪問は予定通り実施され、帰国した橋下氏は空港で記者団に「台湾の要人には会わなかった」と語り、要人との会談はなかったことが公式にアナウンスされました。橋下氏の意向通りに事は運び、台湾訪問は成功裏に終わったはずでした。ところが、府庁で開かれた部長会議の場で、橋下氏は台湾訪問の一連の準備について「リスク管理がなっていない」と商工労働部長を名指しで叱り飛ばしたのです。

「先日の台湾出張について、行政の弱い面を痛感し、残念だった」

「いざ出張に行くとなると、リスク管理を誰もしてくれず、私は丸裸の状態」

いらだちをそのまま部下にぶつけるような橋下氏の発言は、現在も大阪府のホームページで閲覧することができます。

部長が事情を説明しても意に介さず、自分の意見を執拗に繰り返すばかりで、経緯や理由について話を聞く姿勢は見られません。橋下氏の肩を持つつもりだったのでしょうか、副知事まで「仕事の中身を見て、自主的に判断するという癖をつけてほしい」と、部長が社会人として基本的な資質を欠いているかのような発言をしています。

幹部が集まった席での叱責ですから、商工労働部長のメンツは丸つぶれでした。また、万人が閲覧可能なホームページで氏名をさらされるという二次的な懲罰は、会議に出席した部長だけでなく、出席していない部下にとっても「上司に恥をかかせた」という意識を持たせるのに十分な意味を持っていました。

この時の現場責任者がNさんでした。

国際ビジネス交流グループ長だったNさんは、大阪府庁では課長級に相当する参事で、直属の上司は部長、課長、室長の3人でした。Nさんのチームには部下が12人おり、在阪企業の海外展開を支援したり、知事が大阪の企業を売り込んだりするのに合わせたアジア拠点都市との交流拡大などを主な担務としていました。

総務部人事室がまとめた自殺に関する調査報告書には、Nさんの部下の証言として、部長からNさんへの指示の様子が記録されています。

「台湾出張に関する9月3日の電話での指示の際、『君は責任を取れるのか。辞表を書くつもりはあるのか』と電話口で周りの職員が聞こえるくらいの声で叱責した」

パワハラが強く疑われるやり取りですが、これは台湾訪問前の発言です。この部長が橋下氏に叱責された後、Nさんとの間でどのようなやり取りがあったのかは詳しくわかっていません。部長は総務部の調査に「厳しい叱責はしていない」と答えたようですが、亡くなったNさんに証言する機会はなく、真相は闇の中です。それまでの電話の受け答えなどから想像すれば、Nさんが部長から相当なプレッシャーを受けていたと考えるのが自然でしょう。

Nさんは10月4日から行方不明になり、10日後に大阪市の淀川で水死体となって発見されました。51歳でした。ご家族の心痛はいかばかりだったろうかと言葉もありません。

この部長は、橋下氏が鳴り物入りで始めた民間人登用部長の第一号でした。初めのころは橋下氏に気に入られていたようですが、途中から疎んじられるようになったと語る府庁職員もいます。その不満のはけ口が部下に向かってしまったのでしょうか。しかし、経緯を見ればわかるように、このパワハラは単なる部長のパーソナリティーの問題として片付けられるものではありません。橋下氏はかねて「部長級、次長級は政治任用だ」などと公言しており、幹部クラスはみな「逆らったら飛ばされる」と戦々恐々としていました。上司たちのピリピリした空気は、下っ端の職員である私たちにも感じられました。

橋下知事から部長クラスに無理な注文が下りてくると、部長は橋下氏の機嫌を損ねることを恐れ、そのまま注文を持ち帰ります。自分の手は汚さず、今度は課長やグループ長に丸投げします。仕事は雪だるま式に増えていくのに、現場の職員は上司のサポートも得られないまま、一人で抱え込むしかありません。組織にしがみつこうとする上司が部下を追い詰め、さらにその下の弱い立場の者が追い詰められていきます。気がつけば、橋下知事に物を申すことが極めて困難なピラミッド構造ができ上がっていました。

橋下氏がNさんに直接罵詈雑言を浴びせた場面はなかったかもしれません。しかし、パワハラとは直接手を下す行為だけを指すのではありません。むしろ間接的に影響を及ぼすからこそ悪質で、どこでも起こり得るのです。私は橋下氏による一連の言動がなければ、Nさんは今もご存命だったと確信しています。

部下が上司を守る〝ゆがんだ組織〟

いまだにわからないことがあります。この台湾訪問は橋下氏が中国に配慮したため、表向きは要人との会談はなかったことになっています。しかし大阪の売り込みが目的なのに、現地の要人に会えないのなら、なぜ台湾を訪問する必要があったのでしょうか。

帰国後も「要人とは会談していない」と語った橋下氏ですが、実際には台北で「大阪の魅力と投資環境」と題する説明会を開催し、そこには台湾の経済大臣も訪れ、橋下氏に歓迎の言葉を述べたことが現地メディアなどで報じられています。橋下氏は部長会議の席上、台湾側に会談のキャンセルを納得してもらうために、自分がいかに苦労して頭を下げたかを強調しましたが、明らかに矛盾しているのです。一連の手配業務に関して、部長が橋下氏に叱責されたのはそもそも妥当だったのか、大きな疑問が残されたままです。

Nさんの自殺について大阪府議会の委員会で質問を受けた橋下氏は、報道陣にこう説明しました。

「組織のトップである以上、遺族の方には大変申し訳なく思っている。職場環境がまったく影響しなかったわけではなく、どこまで影響しているか、今後見ていかないといけないが、僕の組織運営のやり方が何らかの形で影響しているのは間違いない。特に台湾出張の際、商工労働部が企業プロモーションを成功させようといろいろ日程を組んでいたが、このまま走ってしまうと中国との関係でマイナスになると思い、大号令をかけたが、現場は相当負担になっただろう」

珍しく自らの過ちを認めたと思ったのですが、翌日の府議会本会議で「知事は事実の詳細を知る立場にありながら、適切な行動をとってこなかった」と議員に指摘され、橋下氏は逆上します。「いろんな状況を踏まえた上で指示を出していた」と必死になって抗弁しましたが、その時点では関係部局の聞き取り調査はまだ始まっていなかったためか、勢いで口を滑らせたことが後に露呈しました。結局、反省の弁の真意もうやむやになってしまいました。

橋下氏の台湾訪問に関しては、業務に携わっていた職員がもう1人亡くなったことがわかっています。自殺ではなく過労でしたが、Nさんが亡くなる約2ヵ月前、別の部署に勤務する52歳の課長が命を落としました。しばらくの間体調が悪かったようですが、夏風邪だろうと思って仕事を休まず、病院で診てもらうのが遅れてしまったそうです。入院からわずか1週間後に亡くなりました。「そうまでして働かなくても」と同情したくなります。ただ、知事に関するプロジェクトですから、簡単に休暇を取れないのが現場の雰囲気でした。

大阪府庁ではいつの間にか、「部下が上司を守る」という不思議なルールができあがっていきました。例えば、グループ長の指示に従って部下が資料を修正したとします。このとき課長から「なぜ内容が修正されているのか」と指摘されても、部下は「グループ長の指示です」と答えることはできません。自らが責任を一手に引き受け、グループ長のメンツを立てなければ「一人前の人材」とは評価されないからです。そしてあたかも自分に落ち度があったように延々と謝り続け、上層部の意見を優先して資料をつくり替えていく処世術が、「有能さの証」とみなされていました。

そんな大阪府庁は、外部からは知事のグリップが効いた規律正しい役所に見えていたのでしょうか。橋下氏の強権的な行政運営のもと、職場では人と人とのつながりが急速に断たれていきました。橋下氏は「現場が勝手に萎縮しただけで、私はそんな忖《そん》度《たく》は求めていない」と反論するかもしれません。しかし、いつ足をすくわれるかわからないような職場で、よい仕事ができるでしょうか。自分の身分を守るのにきゅうきゅうとした公務員に、市民は信頼を置けるでしょうか。

大阪府職員の自殺者は2005年度が1人、2006年度が1人、2007年度が2人、2008年度が1人、2009年度が2人でした。それが、2010年度には7人と、その数が一気に増えました。2008年に始まった橋下府政との関係を疑わないほうが不自然です。

機能しなかった密告制度

橋下氏が知事になってすぐ、全職員に一斉メールが送られて来ました。「府庁の改革をするに当たってみなさん若い人の意見が必要です」「上司に不満があったら、その意見は人事だから、知事である私に直接連絡してください」といった趣旨の内容でした。

一読して不快感を覚えました。若手の意見を尊重しているように見えて、密告の奨励にも読み取れたからです。上の世代と下の世代をあえて切り離そうという意図が感じられたので、私は最初の朝礼の時に橋下氏に「分断するのはやめてほしい」と訴えたのでした。

この密告奨励メールを真に受けてひどい目にあった職員のエピソードがあります。ある男性職員が橋下氏に宛ててメールを送りました。「同じ部署の職員が、職場のコンセントで携帯電話を充電しています。市民の税金を使ったとんでもない行為なので叱ってください」――そんな内容でした。橋下知事が喜んでくれると思ったのかもしれません。ところが、橋下氏も知事室で自分の携帯を充電していました。そこで橋下氏はその職員への返信メールで逆ギレします。

「携帯充電するのは当たり前。僕もやっている」

このやり取りは、一斉メールで全職員に送られてきました。職員の「すみませんでした」というおわびの返信を貼り付け、「こんな非常識な職員がいる」とご丁寧に解説まで付けられていました。恐らくこの職員は、普段から同僚か上司のことが気に入らなくて、告げ口をしようとしたのでしょう。橋下氏の誘いに乗って言いつけてみたら、まさかの辱《はずかし》めを受けてしまいました。職員の劣情をあおるような「一斉メール」さえなければ、この人も惨めな思いをせずに済んだかもしれません。

密告の奨励が目的なら公に叱ったりせず、「よく報告してきたな」と取り込んでしまうのが悪代官の手口だと思いますし、橋下氏も当初はそれを狙っていたのでしょうけど、自分のしていた携帯充電に部下からケチをつけられて、我慢がならなかったのでしょう。

橋下氏は税金に対する職員の意識の低さを嘆き、全職員に宛てて「給料が保障されている組織は恐ろしい」という趣旨のメールを送り付けたこともあります。損失を出した利水事業について、議会で説明をした府幹部を批判したかったようです。これに対し、ある職員が「責任は事業を決断した人にある。こんな感覚の人が知事であるほうが恐ろしい」とメールで反論したところ、橋下氏は逆上し「上司に対する物言いを考えること。トップとして厳重に注意します。言い分があるなら知事室に来るように」と応酬しました。知事自身がメールでの意見具申を推奨しておきながら、気に入らない内容なら今度は厳重注意だと言い出す。予想はしていましたが「本性を現したな」と多くの職員が確信した瞬間でした。

府庁内では意見を言う人は外され、忖度する人が幹部に選ばれるのを間近で見てきました。民間の感覚を行政機関にも取り入れるとの触れ込みで始まった公募部長制度も、次第に機能しなくなっていきました。橋下氏の顔色をうかがわなければ、すぐに部長職を追われてしまうからです。

萎縮する職員と〝暗黙の掟〟

私が大阪府庁に入ったころには、すでに公務員の人減らしは始まっていましたが、グループで会議をして決めるという民主的な雰囲気は残っていました。しかし橋下知事が来てからはそうしたやり方は一掃され、重要事項は係長級とグループ長の会議で決め、現場には伝達するだけという手法に変わりました。管理職以外の職員が参加する会議は、仕事の進捗状況を報告するだけのものになりました。

トップダウンのマネジメント手法が強行されていく中で、「物言えば唇寒し」という空気が蔓延《まんえん》し、思考停止させられるようなノルマ中心の業務管理が増えていきました。私は当時、大気汚染を防止するため大阪府下の工場の立ち入り検査を担当していました。橋下氏が知事になると、検査のノルマ制が敷かれました。それまではグループ全体で懸案事項を相談しながら取り組んでいましたが、責任の所在はグループではなく、個々の職員に置き換えられました。

自分のエリアの検査件数が少なければ、低評価につながり給与に影響します。職員評価で最低評価を2回取れば分限免職のレールが敷かれるという新たな規定も設けられ、ノルマの達成は最重要課題になりました。立ち入り検査は、大気汚染物質の排出を抑制するのが本来の目的なのに、立ち入り指導書だけ交わして件数を稼ぐようなやり方が横行しました。人員削減が進んで同僚に協力を求めるのが難しくなり、職員は一人で無理難題を抱え込むしかなくなりました。「決めるのは知事。それを実行して責任を取るのは職員」という理不尽な考え方が染み渡っていきました。

昼休みは完全に鐘が鳴り終わってからでないと、みな自席を立たなくなりました。それまでは近隣のコンビニが混まないように、互いに時間を融通しあっていました。しかし、どこで誰に監視されているかわからないという不安は、人間の行動を束縛します。12時半前のコンビニは、とぐろを巻くような列をなし、いつも大混雑するようになりました。

私は納得できなかったので、仕事のきりのいい時や手の空いている時に席を立ちましたが、「誰かに密告されるかも」と、余計な心配をしなければなりません。休息にたばこを吸いに行って、処分された人もいました。個々が常識の範囲で考えて行動すればよい話なのに、職員には思考停止していろといわんばかりの縛りがつくられていきました。

ある上司から「あの子は仕事ができへんやろ」と同僚の悪口を聞かされたことがあります。自分の子どもの年齢に近いであろう部下をあしざまに言うので驚きました。この上司は、昔はとても気のいい人で飲み友達でした。ところが、上司に当たる課長から何時間にもわたって叱責を受けるうちにすっかり萎縮してしまったのか、今度は部下のせいにし始めました。自分はまるで被害者のような態度をとるのです。

人員不足や強いプレッシャーの中で、人はその器を超えてしまったときパワハラを起こしてしまいます。本人の度量の問題と言えばそれまでですが、本来なら出さずに済んだ人としての嫌な部分を表に出してしまったのではないかと思うのです。紛れもなくこの人は「橋下改革」の犠牲者でした。

「失敗事例の共有」という民間企業のような試みも始まりました。しかし、課題を共有して次回に生かすという建設的な取り組みにはほど遠く、「うちの職員がこんな失敗をやらかしました」という事実を、マスコミに発表するかどうかが主要な関心事でした。組織人にとって、上司の手をわずらわせる失敗は、直接罵倒されるよりも恥の感情をかき立てられるものです。どこかで一つ失敗が起きるたび、職員は「明日は我が身」と萎縮していきました。

環境農林水産部の出先機関で、大事な情報を紛失するという失敗事例が共有された約1ヵ月後に自殺した職員がいました。失敗事例の共有と自殺との因果関係を疑う職員もいましたが、真相は不明です。ただ、失敗すればとがめられ、周りも失敗を報告しなければ連帯責任を問われる〝暗黙の掟〟は、真綿で首を締めるように職員を苦しめていきました。こんなの共有すべき失敗事例でも何でもないだろうという小さな不具合さえ「失敗事例の共有をするべきか」の検討資料をつくらされるなど、散々でした。

知事が同じ維新の松井一郎氏に代わってからも、失敗事例の共有は続きました。ただ、少しずつですが「そこまでいちいち報告せんでもええんちゃう」というふうに現場の雰囲気は和らぎました。橋下氏の場合、報告をしなければ「お前は黙っとったんか」という〝罪〟が上乗せされる危険性があるため、幹部にとっての安全策で、多めの失敗事例の共有がなされていたのです。

松井氏が良いトップとは到底言えませんが、トップが変わるだけで、生き死にに関わるほどの息の詰まり方が止んだことを実感しました。

分断された大阪府民と公務員

私が入庁した2002年当時、世の中にはすでに「公務員は楽をしている」というマイナスイメージが浸透していたように思います。入庁前は、私自身も似たような印象を漠然と抱いていました。しかし実際に働き始めると、ほとんどの職員は想像していたよりずっと勤勉で我慢強く、学生時代の私の認識がいかに偏《かたよ》ったものであるかを思い知らされました。

入庁後は公害規制を担当する部署に配属され、環境測定や分析の仕事に関わりました。一つ一つの事象について法令を丁寧に解釈し、規制の指導や助言に当たる先輩の後ろ姿に学びました。高い技術水準を身につけ、第一線の現場で働く先輩たちは格好よく見えました。

ところが、橋下氏は知事に当選する前から「公務員のケツを蹴る」とか「公務員はシロアリ。特権階級」などと、公務員をやり玉に挙げる言動を繰り返し、メディアもこれを面白がって取り上げていました。もちろん、個々の職員の資質には差がありますし、仕事に対するモチベーションも同じではありません。公務員にも反省すべき点はあると思います。しかし橋下氏の物言いは、まじめに職務に取り組む公務員にとって屈辱的で、現場の私は差別やいじめを受けたような感覚を植え付けられました。

「お前ら公務員から文句を言われたくない」

「公務員が偉そうにするな」

橋下氏の発言に影響を受けたとみられる市民から、仕事中に攻撃的な言葉を浴びせられる場面が増えました。大気汚染防止法に基づく規制基準を遵守してもらおうと、工場で立ち入り指導をしていた時に、工場主から「これだから公務員はあかん。橋下さんに言って、もっと人を減らしてもらわな」と吐き捨てるように言われたこともありました。別の立ち入り検査の現場では、住民からの苦情に丁寧に応対しようとしているのに「公務員は対応が遅すぎる」と一方的になじられました。どちらも、公務員の仕事ぶりをきちんと見て批判するのではなく、公務員へのゆがんだ先入観から発せられた言葉だと感じました。

こうした状況下では、何をしても市民の理解を得るのは難しくなります。職員の多くは心を殺して黙り込むしかありませんでした。役所に寄せられる住民からの苦情に応じる時も、はなから公務員に不信感を持って攻撃的な態度で臨んでくる人が増え、対処に困りました。「みなさんの役に立ちたい」と思っている目の前の市民から、改めようもない理由で責め立てられ、見下されるのはつらく悔しいことでした。

橋下氏は一度でも現場の実情を想像したことがあるでしょうか。公務員と住民の間に分断を生じさせた結果、一体誰が幸せになったのか教えてもらいたいものです。

公務員バッシングは、私の日常生活にも影を落としました。近所のお店の店主との世間話で「なんの仕事してんの？」と聞かれ、「公務員です」と答えると、「ええなあ」「ワシらは公務員と違って大変や（その後だいたい橋下徹氏の褒め言葉）」と悪意もなく言われます。仕事の中身や育児との両立がどれだけ大変か、などは残念ながら誰も尋ねてくれません。「言われるほど楽じゃないんですけど」などともはや説明する気力もなくなり、ご近所や美容室で職業を聞かれた時は「測定分析関係の仕事です」とだけ答え、公務員であることはあえて言わないようになりました。

飲み会の場でも、一時期「公務員」というワードを発すると隣のテーブルのお客に振り返られるということもあって、周囲の客に公務員だとわからないように話題を選んだり、声を潜めたりして、まるで自分は犯罪者なのかと嫌気が差しました。同僚も「それ、わかる」と言っていたので、肩身の狭い思いはみな同じだったと思います。一般市民も、橋下氏が公務員を追い込んでいく様子を、箱庭をのぞき込むように楽しんでいたところはなかったでしょうか。日ごろのうっぷんを晴らすガス抜きとして、公務員が格好のターゲットにされたように思えてなりません。

橋下氏が得意とする「対立の構図づくり」に、日本中がまんまと乗せられてしまったように見えました。

仮想敵をつくって対立を煽る「いつもの手口」

２０１１年に実施された大阪ダブル選挙で、橋下氏は大阪市長選に、松井氏が大阪府知事選に立候補し、それぞれ当選しました。橋下氏が大阪市役所に移ってから、大阪府庁は少し平和になりました。後任の松井氏は橋下氏と同じ維新の知事でしたが、締め付けの雰囲気はずいぶん変わり、府庁内では「仕事が前よりやりやすくなった」「市の職員が気の毒」というやり取りが少なからず聞かれました。

その一方で、大阪市長に転身した橋下氏は大阪市の職員に対する締め付けを開始しました。就任直後の2012年2月、教育委員会を除く全職員を対象に、日ごろの政治活動や組合活動について尋ねるアンケートを実施しました。調査への回答を職務命令で強制し、正確に回答しないと処分の対象になり得ると公言しました。この職員アンケートは、その悪質な性格からマスコミでは「思想調査アンケート」とも呼ばれていました。

「職員組合の適正化」を掲げて市長に当選した橋下氏は、労働組合の影響力を排除したかったのでしょう。しかし、このアンケートは憲法に定める思想、良心の自由や政治活動の自由を侵害しているとして、大阪のみならず全国からも厳しい批判を浴びました。

ある職員は「自分の生き方に土足で踏み込まれた気がした。アンケートに目を通すだけでも苦痛を感じた」と訴えました。

「信念に従って回答を拒否した」

「拒否すればきっと処分の対象になるだろうと思い悩んだ。家族とも相談してやむを得ず回答することにした」

踏み絵のような調査のやり方に、他の多くの職員も深い葛藤を抱えました。

「今度は持ち物検査を始めるかもしれへんな」

自虐的に市の幹部が語ったそうです。

同じ年の5月、次に実施された調査は、職員に入れ墨の有無を尋ねるものでした。「児童福祉施設の現業職員が入れ墨をしているとの情報が寄せられ、人事配置上の配慮を行う必要がある」と橋下氏は調査理由を説明しました。私は大阪府庁で推移を見守っていましたが、メディアを通じて「入れ墨は不祥事である」という印象付けを、橋下氏が意図しているのが手に取るようにわかりました。

橋下氏は仮想敵をつくって対立を煽り、本来なら協力し合える者同士を分断するやり方だけはうまいのです。例えば自治体を民間企業に見立て、「身を切る努力をしている民間に比べて、公務員がいかに生ぬるいか」を喧伝《けんでん》します。公務員以外の労働者の感情を煽り、労働者の代弁をしているかのように装います。

入れ墨調査も同じような手口でした。市民の中に入れ墨に対して否定的な感情があることや、「入れ墨お断り」の温泉施設などがあるのも知っています。しかし、少なくとも大阪市職員の採用条件には入れ墨を禁止する項目はありません。好き嫌いの感覚を拠り所に、他人からは見えない部分の入れ墨まで回答させる強引さに、現場からは強い反発の声が上がりました。

橋下氏は「任意調査では意味がない」と記名式の調査にこだわりました。結局、外部から見えやすい部分の入れ墨に関する回答は強制し、それ以外の部分は任意回答として調査は実施されました。113人が入れ墨をしていると回答しましたが、15人は回答を拒否。うち6人は最後まで回答することを拒みました。この6人はいずれも入れ墨をしていない職員で、回答拒否によって調査の理不尽さを訴えようとしたのでした。

権利を主張し自分に盾突く者に、橋下氏は異常な執念で対抗しようとします。回答を拒否した6人を戒告の懲戒処分としました。私は懲戒処分を受けた職員を支援する活動を続けています。

私の中に潜んでいる「橋下」性

２０２１年秋の衆院選で当選し、私は国会議員として事務所を運営する立場になりました。多くのスタッフやボランティアを抱え、ともに仕事をする中で、自分の言動を顧みる機会も増えました。国会議員となって、少数政党ではあっても本格的に国会での政策論争に乗り出し、時間に追われるハードな生活を送っています。国会質問の準備には多くの時間を割く必要があり、国政での活動を知ってもらうために街頭演説の機会も大切にしています。週末には地元大阪と東京の行き来もしなければなりません。いつ解散総選挙があっても次の選挙に臨むことができるための備えも求められます。

やるべき仕事が多く、気持ちに余裕を失っている時は気をつけなければなりません。一緒に仕事をしている人に多くを期待してしまい、つい「何でできないんですか？」「これ絶対にやらないといけないですよね」などと口にして、後で反省することも度々です。これは私の中の橋下徹ではないのか、と。気持ちの余裕を失って、自分はこんなに目標に向かって努力しているし、犠牲にしていることもある。どうして同じようにやらないのか。これは私の思い上がりであって、それぞれみんな努力や事情があるのに、それが見えずに不満をもって、強く求めてしまう——そんな悪い前のめりさが私にもあります。結局、自分の中にも「使える、使えない」のような生産性の有無で人を見ている部分が潜んでいることを突きつけられ、「ああ、私は橋下徹や。最低や」と反省の日々です。

私と政治活動を共にしてくれている仲間の動機はさまざまです。人にはそれぞれのペースや力量があります。他の人にも同じ熱量を求めるのはおかしいのです。冷静に考えればわかるのに、余裕を失い、自分の尺度で「これはあなたもやってくれて当然」とジャッジしてしまう性急な態度は、反省しなければと自覚しています。

私は、議員になる前と同じように、支援者との立場は変わらない、対等だと思っています。しかし、客観的に見れば私の立場のほうが今では圧倒的に強くなっており、支援者からは「意見を言いにくい人」になっているかもしれません。それを忘れて「意見があるなら言って」では、うまくいかないのも当然です。我を忘れて活動にのめり込んでいる時、批判や意見を言ってくれる人は、本当にありがたい存在です。もっと周囲への配慮が必要なのかもしれません。

橋下氏は大阪府知事として初登庁した日の臨時部長会で「僕と一緒に死んでもらう覚悟で、最後は死んでください」と幹部たちに語ったそうです。世が世なら、リーダーとしての意気込みを称賛されかねない口上ですが、私にはとても同じ台詞は口にできません。一般的な会社経営者としても、問題発言だと思います。自身の経営責任を部下に転嫁するものであるからです。また、自分の思いしか頭になく、他者に対する想像力が欠けた上司は必ず、その組織を悪い方向に導くからです。

橋下徹という人は、自分の態度を省みる際の一つの指標のような存在でもあります。気持ちが高ぶって前のめりになっている時は「これは自分の中にある橋下徹だ」と気をつけるようにしています。

第2章

私のたどってきた道

――不安と挫折から得たもの

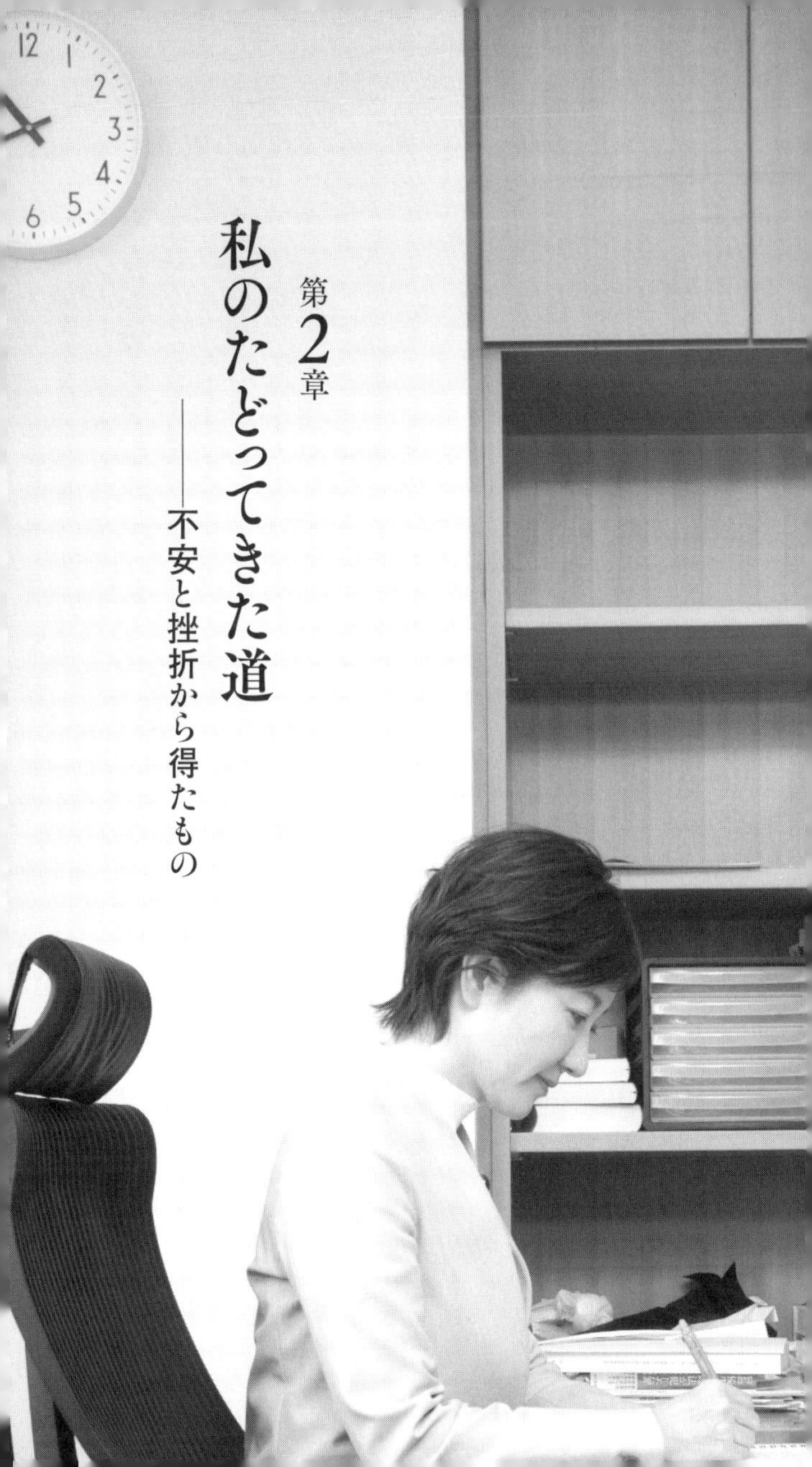

3人きょうだいで穿き継いだパンツ

私は大阪市内の下町で、女・女・男の3人きょうだいの真ん中として生まれました。1977年生まれ、いわゆる団塊ジュニア世代です。両親によると、生まれつき我が強く、何か気に入らないことがあると、嫌がらせをするように執拗に大声で泣き続ける赤ちゃんだったそうです。3人きょうだいのセオリーどおり、1人目は手をかけられ、3人目は初の男の子だし実際に性格もよかったので家族みんなにかわいがられました。真ん中の私はというと、いいように放っておかれたようで、結果として私にとっては自由で良かったと思います。

小学校時代は、昭和です。服は当然、姉のお下がりです。嫌だとも思っていませんでしたし、「あのキャンディキャンディのトレーナー早くほしいな」と思ったりしていました。さらには、私のお下がりが、今度は弟に渡っていました。いちご模様のパンツまで弟のお下がりとなっていました。弟は、保育園で他の男児のはいている「前に穴があいているかっこいいパンツ」をうらやましがり、「穴あきパンツ買ってえやあ」と言っていたのを覚えています。確か、親はその後、戦隊ものの穴あきパンツを買ってあげていました。私は家族には遠慮しいで、あまり家庭において要求をできなかったのですが、弟は、例えばお弁当のおかずについてなど、ちゃんと要求して改善を実現していたように思います。

小学3年生まで団地で暮らしていました。準工業地域の下町といった風景のところです。そのころは、同じ団地のよその家によく遊びに行きました。ご近所との垣根が低く、醤油の貸し借りもありましたし、上階からはカラオケスナックばりの騒音がしばしば聞こえました。

記憶しているのが、同じ団地に、仏壇にお供えした後の和菓子をくれるおばあちゃんがいて、ある時、おまんじゅうをもらって帰りました。すると、母が「あそこのおばあちゃんはカビの生えたお菓子をくれたことがあるから、もらったらあかんで」と言いました。私は、そのおばあちゃんがまた和菓子をくれようとした時に、母の言葉をそのまま伝えてしまい、後日、母はおばあちゃんに詰め寄られたようです。母が「あのおばあちゃんに、あんた、そんなんゆうたんかって怒られたわ」とぼやいていました。

団地には、同じ団塊ジュニア世代の子がたくさん住んでいました。ちょっとハイカラな友達の家にはビデオデッキがあって、わくわくしながら映画『ピーター・パン』を観に行きました。母親代わりのウェンディが寝かしつけのあと、ベッドに入った弟のおでこにキスをするシーンを見て「うちのお母さんはそんなんやってくれへんで」と私は言いました。後日、それが母に伝わり、母が「あんたそんなんしてほしいん」と言ってきて、「いらんわ」と答えました。でも、本当はちょっと憧れていたのかもしれません。

親の育て方があっさりしているほうだったからか、私自身も人と手をつなぐのが小学校高学年の頃は苦手でした。でも嫌いだというわけではなかったのです。集団登校の際、同学年の友達同士や年下の子たちはお互いに手をつないだり腕を組んだりしていましたが、私は一人で歩いていました。いいなあ、そういうことを素直にできてうらやましいなあという感情をもったのを覚えています。

ホームレスの記憶

自分で言うのも何ですが、私は遠慮しいのやさしい子どもでした。まだ弟が生まれていないころ、父親が4個入りのヒロタのシュークリームを買ってきました。当時、ヒロタのシュークリームは庶民のお土産の定番だったのです。母親と姉と私で一個ずつ食べました。残り一つは、父親のために残しておくのかと思いきや、母と姉は「お父さん、甘いもん好きちゃうから食べてしまおうや」と言い出しました。私は「嫌や。お父さんに残しとかな、あかん」と泣いて抵抗しました。母と姉が、「お父さんはどうせ食べへんて」などと私への説得を試みましたが、拒否し続ける私にばからしくなったのか、折れて、シュークリームを残すことになりました。

ところが、父はそれを食べず、結局は母と姉の言った通りになったのです。「ええっ、あんなにお父さんのために頑張ったのに」とショックを受けましたが、幼かった私は、お父さんが「食べそこなった」と悲しむのを想像して、そんな思いさせたくない！　って、たかだかシュークリーム1つに、ものすごい正義感を乗っけてしまったのです。今、母になった私は、娘と「お父さん、甘いもん好きちゃうから食べてしまおうや」と言って食べてしまっています。ずいぶん腹黒くなってしまいました。改めてやさしい子ども時代だったなと思います。

当時、大阪市内の私が住んでいたエリアでは、公園に行けば、たいていホームレスのおじさんがいました。公園だけではなく、図書館にもいるし、かなり身近な存在だったのです。まだ私が保育園児くらいだったかもしれませんが、ある日、図書館にいたホームレスのおじさんに、何か強い言葉で怒られたことがありました。子どもなので、こわくなって母に泣きつきに行ったら、こう言うんです。

「この社会には必ずホームレスの人は生まれるねん。あの人たちはホームレスになりたくてなったわけじゃないから、ホームレスの悪口は言ったらあかんよ」

自分は助けてほしかったのに、まさかのホームレスのおじさん擁護の言葉に驚きましたが、その考えには意味があるように思えて、以降、その考えを取りいれて生きてきました。資本主義社会の仕組みをずっと後になって学び、雇用の調整弁として失業者がつくられてきたと知った時に、ああ、母の言葉はそういう理屈だったのだなと改めてハッとしました。

「大石、口悪いな」

小学4年生になる春、大阪市から箕面市に引っ越しました。どちらかというと大阪でも比較的所得の高い人が住むエリアだと後になって知りました。家は団地からマンションに変わり、ドアを開けると遠くに山が見え、周囲には低層住宅が立ち並んでいました。客観的には素晴らしい景観なのですが、準工業地域的な下町の風景で育った私には、どこかしっくりきませんでした。いまだにそうなので、やはり小さいころに慣れ親しんだ原風景というのは強烈ですね。

転校して、大阪市内は制服だったのが私服に変わり、初日に何を着せていいかわからなかった母は、紺色の一張羅のワンピースを着せました。そうすると「転校生が普通は着てこない良い服を着ている」と話題になってしまったようです。緊張しておとなしくしていたし、担任になった先生も、ええとこの子が来たと思ったかもしれません。

でも何度か先生と話した時に、先生の予想は裏切られることになりました。私はこれまで生きてきたとおりの言葉使いをしていたのですが「大石、口悪いな」と先生が言ったのです。例えば「～やんけ」とか「あかんで」とかそういう言葉使いのことだったと思います。これにはびっくりしました。いえ、思い当たるふしはありました。そのエリアでは特に女の子は「～やんけ」ではなく「～だよね」、「あかんで」ではなく「ダメだよ」という子が多かったのです。時間がたつにつれ、新天地の言葉にあわせるようにしていきましたが、そもそも母語は「～やんけ」で、大阪市内の制服をずったずたに着こなした小学校3年生の私が、今でも心の中に居座っている気がします。

転校した先の学校で、平和に過ごせたわけではなく、特に小学校6年生の時には、先生に強く反抗するなど、自分で自分を追い込んでいました。この時代特有なのかもしれませんが、小学校5～6年生でも月1回の体重測定をパンツ一丁でやらなければならないことには到底納得がいきませんでしたし、授業でたまに間違ったことを教える先生が、なんでも指示に従わせる力を持つことに我慢ならない気持ちでした。

ある日、「先生は間違っている」という内容の壁新聞を作って教室に張ろうと思い立ちました。家で新聞を作っていると、母が「何作ってるん」というので、「先生を批判する壁新聞やで」と答えると、「ああ、そうなん」というリアクションでした。ちょっと拍子抜けするような答えでしたが、ホッとしました。多くの親は「やめなさい」と言うところかもしれません。でも、「あんたがそう思うんやったら、やればいいやん」という感じでした。私は計画を実行に移し、そして、先生とはさらに衝突することになりました。

不自由さと不安にさいなまれた日々

小学校卒業後、地元の公立中学校に進みましたが、生徒指導が厳しく、息の詰まりそうな毎日でした。中学2年生くらいになるとおしゃれをすることに意識がいきます。当時は前髪をスプレーで固めるのが流行でしたが、先生に見つかると洗面所まで連れて行かれ、その場で洗い流されました。スカートの丈の長さもうるさく言われました。内申書を人質のようにして言うことをきかせようとするので、生徒は従わざるを得ませんでした。

仲の良い友達と一緒にブラスバンド部に入りました。全国大会にも出場するような強豪校で、想像していたよりもハードな部活動でした。朝練もあって、早朝の屋外で基礎練習をやったり、運動部と同じように走ったり、筋トレをやったりと練習が厳しく、休みは盆と正月ぐらいしかありませんでした。先輩、後輩の序列も厳しかったです。「サボりたい」「もっと効果的に練習したらええんちゃうの」など思っていましたが、顧問の先生は絶対的な存在だったので、逆らうことは許されません。

受験を控えた中学3年の夏休みも、大会を前に欠かさず練習がありました。フルートのパートリーダーをしていた私は当時、テストの成績は良かったので、進学校とされる北野高校に進みたいと考えていました。そのために、塾の夏期講習に通おうと顧問の先生に「もっと効率のいい練習の仕組みにして、午後からの練習は自主練とし、塾に行きたい子は行けるようにしてほしい」と直談判しました。怒られるかな、と思いましたが、さすがに先生も受験生に勉強を禁じることはできなかったのか、私の提案どおりにしてくれました。

練習は、例えば木管楽器など種類別の合奏の時に毎回ジャンケンで決めていた指揮者を、一人に固定にすることで指揮もうまくなり、時短にもなりました。塾に通い出したのは私だけではなく他の部員も何人もいましたし、効率もよくなったので、私の満足感は高かったです。しかし、部活動の保護者会では「わがままを言っている生徒がいる」と問題になったようです。

中学時代から、我が道を行っているな、と思われた方もいるかもしれません。しかし、そこはまだ中学生です。妥協と服従、学校のヒエラルキーに合わせて自分を偽ることのほうがずっと多かったです。正直部活がきついので辞めたい気持ちはありましたが、辞めたら「脱落した」といじめられたり、内申書が悪くなったりするのではないかと不安でした。辞めることのめんどくささを思いながら、辞めずに今日も練習に行く、というのが実際だったかもしれません。

こんなエピソードもありました。真冬でも、寒さを我慢して練習するのが美徳でした。足は冷え、しもやけができました。運動部の「練習中に水を飲むな」と同じ根性論です。でも、それは演奏にとってプラスではありません。そこで、ある寒い日の練習で、私は上履きの中にこっそりカイロを忍ばせました。途中まではバレずに良い感じに合奏をしていたのですが、何かの拍子に足にカイロを入れているのがバレてしまい、指揮者をやっていた顧問の先生が「大石、なにカイロ足に入れてんねん、もう合奏は終わりや」と部屋から出て行ってしまいました。

これはある意味、吉本新喜劇に近い伝統芸能のようなものなのですが、ブラスバンド部には暗黙のルールがありました。「先生が合奏中に怒って出て行ったら、追いかけて行って謝る」というものです。新喜劇なら笑うだけなのですが、中学生の私たちにとっては大真面目な一大事であり、そのルールに従う以外の選択肢は用意されていません。もちろん、自分は悪いことをしていないし、謝りたくありません。でも、ここで追いかけて頭を下げないと、みんなの合奏ができなくなる、迷惑になる。

「しばかれるかも」という恐怖心を抱えながら、とりあえず先生を追いかけました。

「こんなことやったのお前がはじめてや」

案の定、しばかれました。もう、笑うしかない話ですが、いまだに納得できません。内申書の懸念がなければ、もうちょい「何も悪ないやんけ！」って言えたかな。でも、言えなかったでしょうね。それが中学校の支配力でした。

一方で、人生ではじめてうれし泣きをしたのも吹奏楽のアンサンブルコンテストで金賞に選ばれた時でしたし、仲間と苦楽を共にして得た喜びというものは子どもの頃でも格別でしたので、後悔はしていません。

「君たちには権利がある」という教え

希望どおりに入学できた府立北野高校は自由な校風で知られていました。確かに、授業が休校になったコマは「ブランク」と呼ばれ、自習は強制されず、校内で自由に過ごして良いとされました。食堂などでご飯やアイスを食べてもいいし、図書室で過ごしても、運動しても良いので、大学生か少し大人になった気分でした。

一方で、やはり納得できない規則はたくさんありました。制服があるところまでは想定内としても、校章を忘れずに付けろなどといった指導がありました。また、カーディガンは着てもいいけどタートルネックを着るのはだめだとか、スカートを短くするなとか、どこが自由やねん！　もっと好きにさせろ！　と思いました。「廊下で足音が響かないように裏が固い靴禁止」というルールもありました。

高校では自由にできると聞いていたのに、話が違うじゃないか、と。「皆さんは通学中も北野生として見られるんだから、それにふさわしい振る舞いを」って、何言ってるのと反発を感じました。私は私なのに、必ず校章を付けさせられたあげく、北野高校の面を汚すとか言われなきゃいけないわけ？　多分その年頃の子と同じように、スカートを短くしたり、普通のことをやっていたわけなんです。中学校と違い、もう内申で脅される心配はありませんでしたので、中学生の時よりは強気でした。かっこいい先輩がいたので自治会（生徒会）に入って、高校生活をエンジョイするつもりでした。

北野高校は今でこそ校舎はきれいですが、昔は古くて木の廊下でした。ちょっと走っただけで下の階に響くので、先ほどの「廊下で足音が響かないように裏が固い靴禁止」といったルールがありました。ある日、自治会メンバーで雑談をしていて「やっぱり人に迷惑をかけたらあかんもんな」とそのルールを容認するような話をしていたんです。その話を横で聞いていた美術の先生が「君ら、アメリカではこういう時どう考えるか知ってるか」と言ってきました。「まず豊かな国の発想では、誰かに迷惑をかけるから廊下は静かに歩け、ではなくて、廊下の騒音対策を学校に要求するだろう。現状のインフラを前提に物事を考えたり、人に迷惑をかけるからと思考停止したりせずに、環境を変えていく考え方もあるんやで」と。

「その手があったか」と目からうろこが落ちたのを覚えています。その先生は「生徒を引き締めようとする今の学校のやり方は情けない」と本音で話してくれたり、「職員会議の場で『今の学校おかしいで』と提案してみた」とメモを見せてくれたり、生徒を対等な人間として扱ってくれました。アメリカというのは便宜的なたとえだったのかもしれませんが、何も行動せずに我慢する必要などないと教えられました。「君たちにはちゃんと権利がある」と伝えようとしてくれたんだと思います。

ルールは変えられる!

母は母で、校則への不満などを話していたら「ルールは変えられるもんなんやで」と言ってくれました。進歩的な大人たちのアドバイスに、私の自治や権利への意識はどんどん成長していきました。

服装のことで何度か生徒指導の先生に呼び出されたことがあります。タートルネックを着たという〝罪〟でした。「お前、自治会やってるくせに、服装のルール守らんのは、おかしいやろ」と。やはり呼び出しは気持ちが良いものではないし、恐怖心もあります。でもここはひとつ真面目に説得してみようと意を決して、「ルールはおかしかったら変えるという選択肢もあります！」と言いました。高校生にしては画期的なセリフだと思うのですが、こっぴどく怒られました。「そんなことはルールを守ってから言え」だったか、怒られた内容は覚えていませんけれども。私はそれ以上言い返せずに、その場で悔し泣きしたのを覚えています。

その呼び出しの後にも、自治会の顧問の先生たちはフォローを入れてくれました。こういった子ども扱いしないで向き合ってくれる大人たちとの出会いは、私の視野を広げてくれました。

部活動は友達に誘われて柔道部に入りました。護身術を身につけておきたいというのもありましたし、漫画『ＹＡＷＡＲＡ！』（浦沢直樹）の流行にも影響されました。でも、柔道部を選んだ大前提は、日曜が休みであることでした。中学時代のブラスバンド部の反動で、部活に早朝と日曜祝日を捧げるのは、もうごめんだと思っていたのです。

柔道部は、黒帯を取るまでは頑張りましたが、試合への恐怖で2年生の途中で辞めました。練習の時は、お互いに投げても落下直前に襟を引っ張って強打しないようにするマナーがあるのですが、試合では取るか取られるかですから、そうはいきません。顧問からも「思い切り投げ飛ばして、相手の肩をダメ押しで床に押し付けるくらいでやってこい」的な指示を受けます。対戦相手の目も当然血走っていますし、ちょっと待って、そこまでして？ と正直引いてしまいました。結果、試合で足の小指は折るわ、腰も痛めるわで、辞めたくなりました。

それから、当時、女子柔道部員が部活の後のお茶を用意しないといけなかったのも辞めた一因です。顧問に「なんで女子が男子のお茶入れなあかんのですか？」と尋ねると「顧問の言うことは聞くもんや」と言われて、「はあ？」と思いましたが、そうとは伝えないまま徐々にサボり気味になりました。

柔道部も、入って良かったとは思います。相手の力を利用して投げたり、足を刈ったりする柔道の奥深さには惹かれました。私は、背負い投げと、大外刈り、小外刈りを得意技にしていましたが、相手の重心を見極めたり、ずらしたりして、その弱点を刈ったり、相手の反動を使って、作用・反作用で倒すというスタイルは、今の政治活動においても共通のものであり、たまに、これって小外刈りみたいなもんやな、これは背負い投げやなと思ったりして、楽しくなります。

ただ、スポーツをしている時はなぜか勝利へのモチベーションが上がらないのです。相手が本気で向かってくるのは、恐怖以外の何物でもありません。私はもともと遠慮しいで、気ぃ遣いい（関西弁で気遣い屋）なんです。政治の世界に足を踏み入れると闘争心が湧くのですが、権力者以外の誰かと、政治以外のことでバトルしたいとは思えないんです。

お金とプライド、どっちが大事？

人生において、様々な人から物の考え方を学んできましたが、母の影響も大きかったと思います。反抗しながらも、なんだかんだと影響を受けていたのです。

例えば、母は仕事を一時的にやめていることもありましたが、おおむね、共働きを続けていたので、私はゼロ歳児から保育所に預けられていました。女性差別に負けるなという気質も強かったです。それらは私にそのまま引き継がれました。

母は、母自身の人生でいろいろあったのでしょうけど、私には、ちゃんと勉強をして、良い職業を見つけてほしいという期待があったのではないかと思います。「あんたはいつも反論ばかりしているから、弁護士になったらええんちゃう」と、よく言っていました。

確か、高校生の時、母は私に「新聞を読め」とうるさく言ってきました。そして「お母さんは新聞は一日2回は読む」と、なんだか自慢されたように聞こえたので、私は不快に感じて、ひどいことを口にしてしまいました。

「お母さんは今、働いてないし、外にも出ないいんやから新聞読んだって意味ないやろ。自分だけ知ってたところで、そこから発信する先がないいんやから」

その時は、母は黙って聞いていたと記憶しています。その後、私が大人になってから、なんであんなことを言ってしまったんだろうと後悔するシーンの1つです。ちなみに、今、反抗期に入りつつある娘の暴言を受け流しながら「あなたも将来、後悔の念にさいなまれることであろう」と思っています。

母は、私が高校生になって以降は特に、学校に反抗的な私の将来を案じたのか、「結局、逆らっても損するで」みたいなことも言うようになりました。その頃は、「お金のためにプライドを捨てて我慢しろっていうの？」と少し反発を感じたりもしていました。

これは、母が働いていた時期の記憶ですが、ある時、母が何かの理由で職場の上司と衝突し、大きなストレスを抱えていました。退職も辞さずに職場で闘っているようでした。そこで、尋ねてみました。「お母さんは、お金とプライドのどっちが大事なん？」と。「お金」と答えるかなと内心思っていました。ところが母は「そんなん、プライドに決まってるやろ」と即答しました。その時、ちょっと、いや、かなり感動しました。「そうやんな！」って興奮して呼応しました。やっぱり母はやる時はやる人だ！　やはり私もプライドを大事にしよう、と決めました。

父も、母とは根本的には似ているのだと思います。差別はダメだということや、子どもの自主性を重んじる、いわゆるリベラルな家庭だったと思います。ただ、父は唯一、九九を覚えさせることだけには執拗なこだわりがあり、やたらと厳しい顔で子どもの隣に立って、覚えるまで言わせたりするのです。多分、祖父か誰かの影響なのでしょう。私の姉の隣で鬼のような形相で姉に九九を言わせて、姉が萎縮して言えなかったりしているうちに、私は隣でフレーズを覚えてしまいました。そして、姉が「4・6……」と詰まった時に「さっき24言ってへんかった？」と言ったら、父がギロッと私を睨みつけて「あっち行き！」と言ったのです。これが、父とのやり取り史上で最高に怖かった出来事です。

ちなみに自慢みたいになりますが、私は九九はすぐ覚えたので父に特訓されることはなく、弟がまた隣で鬼の軍曹の特訓に遭っていました。ここまで聞くと「お父さん、勉強教えるの下手？」と思われるかもしれませんが、父は私に教えるのは上手かったです。物理や数学の理解があり、私の大学受験の時に、私が解けない問題を「これはさすがにお父さんもわからんやろ？」と聞くと、たいてい正しく解いていました。30年前に受験した者に負けてどうするんだと、悔しかったです。その悔しさをバネに、受験をがんばれたように思います。

正しくても実現するとは限らない

父も母も、おそらく私と似たような正義感と信念に突き動かされたこともあれば、そこで挫折を感じたこともあると思います。今、父と母の私への言動を振り返ると、私が正義感とプライドだけで行動した結果、孤立してしまったり、人生が浮かばれないものになったりすることを危惧して、時々アドバイスしたり、本心とは逆のことを言ったりしていたのかなと思います。

父には「自分の言動が正しいからといって、それが実現するとは限らんで」と言われたことがあります。私は、2003年にイラク戦争が起きて、そこから反戦運動にのめりこみ、資本主義そのものの問題にふれるようになりました。マルクスの資本論について話をした時も「マルクスの理論はおそらく誰も反証できないだろう。でも、だからと言って現実がそのようになるとは限らない。世の中の多くの人が考えていることと違うことを考えてしまうと、しんどいで」と諭されました。

「正しい理論なら実現されるべきじゃないか」と当時は納得しませんでしたが、今は一理ある言葉だと思います。とはいえ、やはり正しい理論は、多くの人に理解され、そして実現されるものだと私は今も思っています。

影響を受けたのは両親からだけではないですが、物事を構造的に見る視点も両親ゆずりだと思います。何か大きな事件があった時、加害と被害の関係性だけで原因を捉えようとするのではなく、加害者を生んだ社会的背景にも目を向けることが大事だと考えます。加害者を糾弾するだけでは、新たな事件を予防する知見は得られないからです。

「犯罪者の境遇はかわいそうだけど、同じ境遇の者がみな犯罪者になるわけではない」といった個人の資質に原因を求める主張は、一面の真実を言い当ててはいますが、犯罪者を生んだ社会構造について考えるきっかけを失わせてしまいます。

父は建築士をしています。悪態つきの母いわく「お父さんは若い時、職場で麻雀と組合活動しかしてなかった。育児もしてなかった」と言っていましたが、そこまでひどくもなさそうです。小さいころの記憶なので、具体的な場所は忘れてしまいましたが、車で阪神高速道路を走っている時、父が設計したビルが道路脇にあって「これ、お父さんが設計したやつやんな」と横を通るたびに言うのが子どもたちのお決まりでした。子どもながらに誇らしかったです。父はやさしく、めったに怒りませんでした。

私の家庭はこのようにおおむねリベラルなのですが、唯一、明治政府の生き残りのような身内が、母方の祖父でした。祖母はとても優しくて、私は小さいころから大好きだったのですが、相対して恐怖の存在が祖父です。私が3〜4歳のころ、食事中に、祖父いわく「猫背になっていたから、まっすぐにしたる」ということで、背中に定規を入れられました。また、食事の時に片方の手が下がっていたら「その手はいらん手か」と、フルーツナイフをかざしてきました。何が地雷になるかわからない恐怖におののきました。

これは姉が「お前は孫の中でも、おじいちゃんに唯一立ち向かった人間や」とレジェンドにしている話なのですが、ある日、祖父が新聞紙を丸めて、孫である私の頭を叩いて、楽しそうに遊んできました。「なんや、おじいちゃん遊んでくれるんや」と私も急いで新聞紙を丸め、思い切りおじいちゃんの頭をスパン！　と叩き返しました。そしたら祖父はぶち切れて怒鳴り散らし、さすがに私は泣いたようです。姉が言うには「あれはおじいちゃんに一方的に叩かれる遊びやのに、お前だけ向かって行ったから青ざめたわ」って。この世には理不尽なことがたくさんありますね。

価値観の移り変わりの速さはすごいと思うんです。もちろん個人差はあるでしょうけども、戦中を生きた祖父の代には、こういう理不尽な、孫の人権を二の次にするような人はたまにいます。でも一世代後になって、戦後の父の世代では、子や孫を叩いたりしないリベラルな親に一気に変化しました。果てには今、私の父は、孫である私の娘の小間使い役をやっているくらいです。本当に時代の価値観というものは、世代で進化しますし、戦争のない社会だからこそ、人権意識ややさしさが革新的に進むのだと思います。

報われない分別作業への不満

大学は家から自転車で通える大阪大学を志望しました。国立でお金もあまりかからないので、親孝行ができると思いました。ただ、北野高校ではあまり成績がよくなかったので、大学入試は自信がありませんでした。前期日程は落ちてしまい、後期日程でなんとか合格するという滑り込みセーフの入学でした。

工学部は、建築から環境問題まで学べる幅の広い学部です。でも、あまり熱心に勉強した覚えはなく、学科の建物で、同期や先輩と麻雀をしていた記憶だけ残っています。また、当時は、粗大ごみは拾っていいという大らかさがあって、「良いのが落ちてる」という話が出たら下宿している先輩のために夜に拾いに行ったりしていました。そういうのがすごく楽しかったです。実は今、私の家のダイニングテーブルは、拾った「ちゃぶ台」のDIYリフォームです。今なお、私の一番お気に入りの家具です。なお、現在は、粗大ごみを拾うのは厳格に禁じられています。

大学では、環境問題に詳しくて尊敬していた先輩の影響で、環境サークルに入りました。そのサークルは、学園祭で出たごみの分別ボランティアに加え、使用する使い捨ての紙やプラスチックの皿を、再利用できる容器に変更するという活動をしていました。良いことをやっている、と思って参加したのですが、実際に取り組んでいるうちに「ちょっと待てよ」と、不満が湧きました。

他のサークルは普通にごみを捨てているのに、自分たちだけリサイクルをしたところで、どの程度効果があるのだろうか。自分たちがどんなに頑張ってみても、他の学生の意識は変わらない。大量生産・大量消費の社会のシステムを変えなければ意味がない。というか、この報われない分別作業、有料化すればもっと積極的に関わる人が増えるのに！　というような不満です。サークル員ももちろん、社会システムを変えることを主眼にしていたのですが、ボランティア意識の低い私に呆れていました。

そんな時、アメリカで9・11の同時多発テロが起こりました。世の中がアメリカへの同情と、報復への支持一色になる中で、私はそれに違和感をもち、尊敬していた環境サークルの先輩にどう思うか尋ねました。その人は「あれは、ある意味での、アメリカへの怒りの鉄槌《てっつい》じゃないか」と言いました。「やっぱりそうか……」と思って、そこからエドワード・サイードの『オリエンタリズム』やノーム・チョムスキーの

『アメリカが本当に望んでいること』などの本を読むようになり、アメリカがこれまで世界中でやってきた恐ろしいまでの覇権主義と軍事介入について知りました。アメリカ政府の言うことが必ずしも正義ではない、むしろ疑う必要があると強く思うようになったのです。

その一方で、大学時代は様々なアルバイトを経験しました。最初は大阪・梅田の居酒屋で着物を着てホールで働きました。時給1000円と悪くなく、着付けができるようになるので良いと思いましたが、着付けにずいぶん時間がかかるのに、その時間が勤務として反映されなかったので、わりにあわないと数ヵ月で辞めました。賃金労働ですから実質の時給はやはり大切です。事務仕事や家庭教師、短期の調査バイトなどもやりました。

一番長く続けたのは、家から自転車で通えるフレンチレストランでした。主にレジやホールの仕事で、3年間ほど勤めました。その日の売り上げに応じて時給が決まる変わったお店でした。お客さんがいっぱい来た時には時給が上がり、ノーゲストの日は時給600円台にもなってしまうという変動相場制です。今思うと最低賃金以下の日もあったんじゃないかと思いますが、当時は若かりし学生、不当だとは気づきませんでした。

翌日に店長が「昨日の時給は1080円」といった感じで紙を貼り出します。今日の時給は次回来た時にわかるというスリリングな仕組みでした。週3回程度の勤務で土日がメインだった私の時給は平均して900円程度だったと思います。同業種の相場と同じぐらいでした。まかない食もあったし、交通費も、自転車で通っている私にも毎回500円くれたので一番長続きしました。

府庁時代の仕事と飲み会の鉄板ネタ

私が大学を卒業したのは2000年の就職氷河期で、めぼしい募集はほとんどありませんでした。学部卒の段階では、同期の半数以上が大学院に進んだと記憶していま す。私も職が決まらず、大学院に行くしか選択肢がありませんでした。大学に入学したころは、順調に就職して親孝行したいなと考えていたので、その道から外れてしまうのが不安で、円形脱毛症になりました。

修士課程に進んだものの、2年後も就職市場はあまり改善していませんでした。当時は自然環境から社会環境まで幅広く調査する「環境コンサルタント」という職種が人気でしたが、毎日終電で帰るような労働環境の会社がほとんどであり、自分には無理だと思い選択しませんでした。システムエンジニアで1社だけ東京の会社から内定をもらいましたが、大阪を離れたくない気持ちが強く、最終的には公務員試験を受けて運良く大阪府庁への就職が決まりました。

最初の配属は、メンバーが10人ほどの交通公害課騒音振動グループでした。気のいい先輩ばかりのアットホームなチームで、仕事はさておき飲み会は行きます、という調子の良い新人が許される風土がありがたかったです。二日酔いで出勤した朝、これはあかん、動けないとなり、隣の更衣室のような部屋で寝ていたのですが、先輩が来て「なにサボってんねん」とバレてしまいました。「いや、激しい二日酔いで」と答えると、「じゃあ休み出して帰り」と言ってくれたやさしい先輩に対して「いや、動けるもんなら、とっくに帰ってますがな」と逆ギレ反論してしまい、その後、グループで行く飲み会での鉄板ネタにされました。

橋下徹氏が聞いたら「これだから公務員は！」と頭に血が上ってしまいそうな案件でしょうが、当時の府庁にはまだ家族的で大らかな雰囲気が残っていました。

いい加減な仕事に対しては「それはあかんで」と厳しく諭してくれる反面、若手の成長を気長に待ってくれる先輩たちがいました。そういう雰囲気の中で育てられ、自分もそんな先輩になりたいとごく自然に思えました。

チームワークを発揮して仕事がうまくできた時は、喜びを感じました。住民から「ありがとう」の一言をもらうと、力になりました。住民を守る仕事がしたいと常々思っていました。

私が所属していた部署は、公害や環境問題の規制を行うところでした。企業の利益追求を一部規制して公害を抑制し、住民の健康を保護するための仕事をします。戦後の日本には、企業が利益を追求する中で、さまざまな公害が発生してきた歴史があります。四大公害病、アスベスト問題や3・11の原発被害もそうですが、国は有害物質が放出されていると知っていても、大資本の利益を優先して目をつぶってしまうことがあります。公害で被害を受けた住民は大きな痛手を負い、仮に被害が認められ金銭的な補償や賠償金を勝ち取ったとしても、それまでと同じ生活には戻れません。

過去の反省を踏まえて、経済活動により発生する公害を規制し、住民の生活を守るための各種の規制が設けられてきました。事業所などへの規制指導には、法令に関する知識が欠かせません。また、規制は、自由の制限でもあるため、最高法規の憲法に矛盾するような運用をしていないかなどの意識も必要です。

例えば、騒音は規制されるべきものですが、政治的な演説が「うるさい」と感じる人もいますので、時に街頭演説が騒音にもなります。ただ、憲法に定められた表現の自由や結社の自由のほうが優先されなければなりませんので、いくら騒音を規制する制度が存在しているとしても「政治活動の演説をやめるように」と規制指導することはできません。

このような法解釈や過去の実例を踏まえて対応するには、それなりの知識や経験が必要です。しかし、昨今の現場では、人員も予算も削減され、職員が育ちにくくなっています。時間をかけて新人を育てる風土が失われ、「入庁したての新人でも失敗は許されない」という雰囲気が蔓延すれば、実害を受けるのは市民です。

長く所属した騒音振動グループでは、私も最初は騒音の何たるかを理解していませんでした。しかし、現場での測定や苦情対応、市町村の担当者と一緒に行動するなどの経験を経て、頼ってもらえる職員になれたかなと思いますし、仕事にやりがいを感じていました。

労働組合活動での挫折

大阪府庁時代の私を振り返る時、欠かすことのできないのが労働組合での活動です。

労働組合というと、どんな印象を持たれるでしょうか。ほぼ死滅してしまったというイメージか、あるいは、権利ばかり主張している古い世代の人たちという印象でしょうか。橋下徹氏とメディアが何よりそうした印象付けをして、労働組合を弱体化させてきたわけですが、私はあえて「労働者が自分たちの権利を要求することこそが、社会を前に動かす」という点を、強調しておきたいと思います。

身分や給料を決定できる使用者に対して、労働者は圧倒的に不利な立場に置かれています。一人で声を上げられないのは当然です。そのために組織として使用者と対等の立場に立って交渉するのが労働組合です。

私は大阪府庁で働くようになってからも、わりと上司に意見を言うほうでした。それでもすごく遠慮して9割は言えないような気持ちでした。職場の同僚の多くは、すごく忍耐強くて、上司の理不尽な指示にも当たり前のように淡々と従っていました。政治的な話題も、学生の頃よりもさらにしにくい雰囲気です。

私が労働組合に関心を持ったのは、大学時代に環境運動に関わったのがきっかけでした。先進国による環境破壊や過酷な労働にさらされたアジアの人たちは、泣き寝入りせずに労働組合をつくって対抗していたと知り、自分も労働者の権利を守るために組合に入ろうと思いました。

入庁すると自治労（自治労府職）と自治労連（府職労）の二つの組合があり、どちらに入るか選択に迷いました。自治労はいわゆる民主党系（当時）だとか、自治労連はいわゆる共産党系だとかは噂で聞いていました。党派にこだわりはなかったのですが、私の職場は自治労連が比較的多数だったのと「今、加入すれば南アフリカのヨハネスブルクで開催される地球サミットに行けるかもしれない」という特典に惹かれ、自治労連を選びました。ヨハネスブルクには実際に行きました。新人なのに10日も休みを取ってよく行ったものだ、と思います。

組合では数年間は楽しくやっていました。自治労連というと、世間的には闘っている組合というポジションなのかもしれません。

しかし、しばらくすると、具体的な闘争の中で「ちょっと、なんかこれ、闘ってないんじゃないの?」という疑問が湧いてきました。例えばサービス残業への対応が手ぬるく感じましたし、給与の引き下げもそのままやられっぱなしで、我慢ならなかったです。交渉して要求が勝ち取れなかったら決裂すればいいのに「不当だがこれで終結する」などと毎回のように声明を出すので、しっかり決裂せよ! と、つきあげる末端組合員になっていき、幹部からは鼻つまみものになりました。「大石さんの言うことはわかる」と共感してくれる組合員も少なからずいましたが、組合内でも着実に異端の道を突き進みました。

同僚の組合員で「大石さんの思いのほうが自分たちには伝わる」と応援してくれる人は少なからずいました。サービス残業やパワハラの実態を相談しに来てくれる職員もいました。問題のある上司のところに一緒に行って意見を述べたこともあります。だったら、私が組合執行部になって、組合を変えたほうが話が早いと思い、組合役員に立候補をしました。私の世代で組合役員に立候補する人なんて滅多にいませんので、本来ならば強力な次世代の担い手です。

しかし、当時の組合幹部は私が役員になることだけは絶対に許しませんでした。きっちりと対抗馬を立てて、大石候補惨敗の構図が最後まで続きました。職場は非組合員が多数になってしまっていたので、少数の組合員の中での熾烈な選挙闘争でした。多分、国会議員になるより、府職労の支部役員になるほうが難しいと思います。

そんな感じで30代前半まで、私はずいぶんとんがって生きてきました。若いうちは「どうしてみんな付いてきてくれないのか」ともどかしく思いました。「自分はこう思う」「自分はこうやりたい」と強く押し出しすぎていたかもしれません。人と一緒に行動したければ、自分の中にある基準を押しつけるのではなく、双方の関心のありかを探らなければいけません。こういった組合活動の経験から、まず一致しているところを探し、できることからやっていくことを学んだのです。

考え方が違うからこそ学び合えることもたくさんあります。自分が結婚して子どもができると、身を守りたいという組合員の気持ちもわかるようになりました。守ろうとしているのは自分の身分だけではないことにも気づきました。我ながら丸くなったなと思っています。

『ブレッド&ローズ』という労働組合をテーマにした映画があります。イギリスの映画監督ケン・ローチの作品です。メキシコからアメリカに不法に入国した女性が、アメリカで労働組合に参加し、ストライキを起こします。大きな騒動に発展しますが、労働者の権利を勝ち取ることに成功します。主人公の女性は最終的にメキシコに強制送還されてしまいますが、団結への確信を得た彼女は、残された仲間に笑顔を残していきました。きっと仲間も、彼女も、それぞれの地でまた同じように仲間をつくって闘っていくのだろうという希望をつなぐラストシーンでした。その人間賛歌のメッセージに胸が熱くなり、私の好きな映画になりました。

タイトルの『ブレッド&ローズ』には、深い意味が込められています。ブレッドはパンで最低限の生活を示し、ローズの薔薇は豊かに生きるための尊厳を表しています。どちらか一方では不十分で、人が生きるにはともに不可欠だという理念を象徴しています。労働運動においても、政治活動においても、普遍的な理念だと思います。

公務員生活に別れを告げたワケ

大阪府庁では16年間働き、ちょうど40歳を過ぎた2018年の頃、自分の人生の進路を考えるようになりました。大阪においては維新の支配力が強まり、誤った統治機構改革である「都構想」や、カジノなどが推進されるようになりました。また、大阪府の異例ともいえる私立小学校設置認可基準緩和と条件付き認可によって、森友学園が、安倍昭恵・元首相夫人を校長にすえた小学校設置を進めていることが大問題になっていました。私はというと、大阪府庁の中で必死に仕事をこなし、育児に追われ、組合役員との小競り合いを含む小さな現場での活動に追われる日々でした。

「ここからまた15年、府庁で同じことを続けるのか」
「それとも新しい運動を切り拓くのか」

思案が始まりました。

2018年は大雨が多い年で、7月の西日本豪雨（気象庁は「平成30年7月豪雨」と命名）では大阪も大きな被害を出しました。さらに9月には台風21号が関西を襲いました。暴風で流されたタンカーが関西空港の連絡橋に衝突し、道路と鉄道が寸断されました。高波の影響で滑走路にも海水が押し寄せ、運輸や物流にも大きな影響が出ました。私が働いていた大阪市の咲洲《さきしま》庁舎の1階にも、台風で飛ばされた車がぶつかって、建物が一部壊れました。

そうした状況下で、危機管理の最高責任者である大阪府知事の松井一郎氏は、台風被害の3日後に大阪を離れ、日本維新の会代表として沖縄県知事選の応援演説のため沖縄に行ったのです。沖縄県知事選では、辺野古新基地建設に反対する玉城《たまき》デニー候補と、基地建設を容認する佐喜真淳《さきまあつし》候補が争っていました。松井知事は基地建設容認派の佐喜真候補を応援に行きました。大阪の災害をほったらかしにして何をやっているんだと、私は怒りに震えました。だったら玉城デニーさんを応援しに行くしかないだろうと、その2週間ほど後に、私も休暇を取って沖縄に行きました。

選挙の結果はみなさんご存じの通り、勝利したのは、翁《お》長《なが》雄《たけ》志《し》前知事の遺志を継ぎ、衆議院議員を辞職して出馬した玉城デニーさんでした。国や与党や維新の全体重を乗せられた選挙戦で、「オール沖縄」勢力が奇跡の勝利を果たしたのです。大阪でも同じように闘おう、真に住民の立場に立った政治をつくろうと決め、玉城デニーさんの当選の瞬間、私は退職を決意しました。半年後に迫る大阪府議会議員選挙に無所属で打って出ることを決めたのです。そして、２０１８年10月いっぱいで大阪府庁に別れを告げました。

退職の日、府庁のフロアで、最後の挨拶のスピーチをしました。その年度は、とても良い上司と同僚に恵まれた一年で、今日で本当に最後かと思うと、さすがの私も涙で言葉が少し詰まりました。お世話になった職員のみなさんに御礼を述べるとともに、「これから、私なりに試行錯誤しながら、戦争と差別のない社会をつくっていきます」

「退職するのは悲しいけど、退職するのは楽しみです」

と言いました。

最後まで、大石らしい変わった退職挨拶やなぁとみなさん思ったでしょうけど、温かい拍手を送ってくれました。今もその情景を鮮明に覚えています。

第3章 政治家・大石あきこ

——仲間を増やして世の中を変えるために

返し技一本を絶対決める！

２０１８年10月31日に大阪府庁を退職した私は、その半年後の２０１９年４月に行われた大阪府議会議員選挙に無所属で出馬して敗れ、その後、れいわ新選組の予定候補者として活動し、２０２１年10月31日、衆議院選挙で比例復活当選を果たし、衆議院議員になりました。

政治活動をともにしてきた仲間は、「大石あきこ」像を次のように語りました。

「大石あきこは、返し技一本を絶対決めたろって、手ぐすね引いて待ち構えているっていう感じがすごくある。政治の世界で何かを実現したいと考えた時、どうしても闘いになる。今は、維新が一番強く、それとの闘いの局面で、ただ正論を述べているだけの人だと、全然手応えがない。だけど大石あきこは、常にかかってくる相手に対して、一本決めるために待ち構えている。だから、僕らはある意味ワクワクしながら、ついていけるっていうところがある。多分、他のメンバーも感じているんじゃないかな」

無所属で府議選に出馬したことについて、「なぜ府庁を辞めて、あの難しい選挙区（大阪市内の淀川区選挙区）で府議会議員選挙に出たのか」と聞かれることがあります。確かに、枠が2人のところに維新と公明という〝大阪では最強〟とされる政党の現職が実績を重ねている区でした。

また、当選した今回の衆議院選挙でも、本来勝ち目のない戦いだとされていました。「それだけのリスクを取って闘う理由はなんなのか」と。

もちろん一つには、純粋に「この社会をなんとかしなくてはいけない」という正義感や危機感からです。でも、もう一つの素直な気持ちとしては、「一生懸命生きている人間を踏みつける権力者を、踏みつけ返して二度と踏みつけられないようにさせてやりたい」——そこに行きつきます。

子どもの頃から、自分自身が誰かに支配されるのが、耐えられませんでした。大人になって、その反発はより普遍的なもの、例えば女性差別や戦争など、そういうものに絞るようにはなりました。そうして、「不正義と闘いたい」「闘わないまま、その権力者のいいようにされるのは生きた心地がしない」という自分ができ上がりました。

「維新が嫌いなら引っ越せばいいじゃないか」

そう思う人もいるかもしれません。でも、デマで統治を続けている人たちを倒さないと、やっぱり気が済まないじゃないですか。同じ気持ちでこの世の不条理を「絶対許せない」と闘っている人が大阪にもたくさんいます。日本中にも世界にもたくさんいて、ああ、この「許せない」という腹の底から来る怒りは普遍的なものなんだと実感してきました。

だからこそ、自分の考える力、動く力、反発力を全部使って、その闘う隊列に私は入ろうと思うようになり、そこからはずっと一直線です。

維新が「強い」理由を分析する

維新はどういう支持層を獲得していて「強い」のでしょうか。

橋下徹さんは自民・公明の推薦を受けて大阪府知事に当選しましたが、それを機に「大阪維新の会」を立ち上げ、独自の政治潮流を戦術をもって確立していったと考えられます。それは、リベラルの支持も、右派の支持も取るポジションです。地域政党の形をとり、大阪を拠点に、何らかの「現状変革」を望む人や「自公政権ではだめだ」と思う旧民主党支持層を想定しつつ、憲法改正や核武装を志向する右派的な支持層も獲得しています。「維新は右派だ」とひとくくりに言うのは間違いであり、「維新は革新・リベラルでもある」という点を押さえることが大事です。

また、宣伝戦としては、橋下徹流のリベラル・右派両方の支持を狙う手法とテレビでの露出という〝空中戦〟と同時に、橋下氏や維新に魅力を感じた人々が地方議員になって〝地上戦〟を展開するという、両面作戦をつくり上げたと言えるでしょう。

維新の政治家の中には「愛国教育」「核武装」を唱える人もいれば、「LGBTの権利」「戸籍制度廃止」を唱える人もいます。有権者は、維新のテレビと地元活動両方の宣伝を通じて維新をひとつの権威として信頼し、維新の矛盾的言動から自分に合った思想を見出し解釈するのです。

その際、地方自治体の首長という「行政の長」の立場を最大限利用し、テレビやSNSにおける政治的中立の壁を破壊してきたことも、とりわけ大阪において成功し、維新を大きく躍進させました。有権者にとっては、テレビで橋下さんや大阪府知事の吉村洋文氏を毎日のように目にして、地域では駅前やＰＴＡに維新議員がいて、ツイッターやインスタなどのＳＮＳで吉村知事が維新候補を応援しているという構図が年中つくられているのです。

「吉村テレビ出すぎ」

災害が起きても、コロナ禍であっても、吉村知事と大阪市長の松井一郎氏は、全国で行われる維新の選挙応援を優先して行動を決めているとしか思えません。私は公務員として府庁の中にいた経験から、嫌でもそれに気づき、行政の危機管理の最高責任者が自党の選挙最優先であることに反吐《へど》が出る思いでしたが、多くの有権者は、まだ気づいていないかもしれません。

でも、最近は維新関係者がテレビに出すぎているということが話題に上がってきました。２０２２年３月27日投開票の兵庫県西宮市長選で、吉村知事が維新の市長候補の応援演説をした際、後ろの建物から「吉村テレビ出すぎ」という大きなプラカードが提示され、そのキャッチーさがツイッターで話題になりました。吉村知事はプラカードに気づいた瞬間、演説の調子を狂わせたとか。なお、西宮市長選は現職が勝ち、維新候補は敗れました。少しずつでも「確かにテレビ出すぎちゃうか」と気づく人が増えてほしいところです。

維新の首長や議員は、言っていることとやっていることが全然違っている、選挙のためならデマも辞さないというやり方は、住民を裏切るものであり、許すことはできません。しかし、とりわけ大阪においてテレビ局を味方に付け、鵺《ぬえ》のように掴みどころのないこの政治手法に対して、襟をがっつり掴んで返し技を決めるのは、とても容易なことではありません。実際に2019年の府議選に負けた際、私には何ができるだろうかとしばしば悩みました。

日本の経済界は、グローバルな資本主義的競争の行き詰まりの中、自分たちの生き残り戦略を、今まで以上の弱肉強食の道に見出しました。その道の先にあるのは、今まで以上の格差社会であり、自己責任だとして「下」の層が淘汰されていくグロテスクな社会です。それを突撃隊として成し遂げようとするのが維新です。

そうであれば、容易ではなくても、やるしかありません。私は、この維新と闘える新しい政治潮流をつくりたいと考え、その際に必要な仲間は、山本太郎だと思いました。そして2020年2月、山本太郎が代表を務めるれいわ新選組の衆議院議員選挙予定候補者として政治活動を改めてスタートしたのです。

「右か左か」ではなく「上か下か」を問う！

古い社会を脱して、豊かな社会の生産力を基礎に、個人がより尊重され自由になれる社会を目指すことを「革新的」というとしたら、れいわ新選組の政策は圧倒的に革新です。集団や国家を人の上に置き、その下で人々を統治するという考えとは対極にあります。

ただ、保守vs.革新や、右vs.左といった不毛な対立にはなるだけ持ち込ませず、常に「上と下」の経済対立を問題にして「上」への徹底批判を行います。これは、現行の他の野党にはない姿勢です。れいわ新選組の党綱領の冒頭はこうです。

「日本を守る、とはあなたを守ることから始まる」

つまり「富裕層や政治家、官僚、御用学者といった上級国民たちは、「国を守る」

郵便はがき

料金受取人払郵便

小石川局承認

1107

差出有効期間
2024年7月9
日まで

112-8731

東京都文京区音羽二丁目
十二番二十一号

講談社　学芸部

現代新書　行

愛読者カード

あなたと現代新書を結ぶ通信欄として活用していきたいと存じます。ご記入のうえご投函くださいますようお願いいたします。

(フリガナ)
ご住所　〒□□□-□□□□

(フリガナ)
お名前

生年(年齢)
(　　歳)

電話番号

性別　1男性　2女性

メールアドレス

ご職業

★**現代新書**の解説目録を用意しております。ご希望の方に進呈いたします（送料無料)。

1希望する　　2希望しない

TY 000043-2205

この本の タイトル	

本書をどこでお知りになりましたか。

1 新聞広告で　2 雑誌広告で　3 書評で　4 実物を見て　5 人にすすめられて
6 新書目録で　7 車内広告で　8 ネット検索で　9 その他（　　　　　　　　　　）
＊お買い上げ書店名（　　　　　　　　　　　　　　　　　　　　　　　　　　）

本書、または現代新書についてのご意見、ご感想をお聞かせください。

最近お読みになっておもしろかった本（特に新書）をお教えください。

どんな分野の本をお読みになりたいか、お聞かせください。

★下記ＵＲＬで、現代新書の新刊情報、話題の本などがご覧いただけます。
gendai.ismedia.jp/gendai-shinsho

と称して、実はあなたを守るどころか踏みにじっているじゃないか」という〝だまし絵〟の暴露から始めるのです。そして、私たちこそが、富裕層の利益ではなく、あなたの利益を守るのだと決意を語るのです。

一方、維新は上級国民の利益を代表する政党ですが、巧妙な〝だまし絵〟技法で、庶民や労働者の利益をも代弁しているかのように装います。それによって、維新には、現状変革を期待する革新層も広く支持している状況です。

しかし、維新の〝だまし絵〟には弱点があります。詳しくは第4章で述べますが、真の庶民・生活者のための政策はできないのです。例えば、維新は、雇用を不安定にするための規制緩和策を推進していますし、社会保障の切り捨ても推進しています。維新は、上級国民・財界の代理人だからです。

したがって、真の庶民・生活者の利益を代表する党が、ストレートに「あなたを守る」革新的な政策を唱え、かつ、その実現は維新にはできないということをうまく伝えることができれば、維新は馬脚を露わし、支持層は離れるでしょう。れいわ新選組はその点において大きな役割、意義を与えられていると、私は認識しています。

私は、府議選に敗れた後も地道な市民運動や介護の政策運動に、いち市民として参加しながら、維新に返し技を狙っていきました。一つには都構想阻止であり、一つには消費税廃止と所得倍増政策です。

私の政治活動は、ベースを市民運動に置いています。例えば、都構想阻止のための活動を政治活動として行うのです。通常、議員を目指す予定候補者と呼ばれる人たちは、名簿を用いた訪問、朝の駅立ち、演説などを行います。もちろん、私もそれらは行いますが、あくまで都構想阻止などの市民運動として行います。

2020年2月、れいわ新選組に立候補の公認を受けた際も「衆議院選挙ビジョンを作成しました！」と党本部に提出した企画書は、まるっきり「都構想阻止ビジョン」であったため、本部も「まあ、否定はしませんが……」との、微妙な反応をしていました。変なやつを公認してしまったと思ったかもしれません。でも、これは、弱き者が取るべき「返し技」戦術であると私は考えています。

維新は2025年に都構想とカジノ・万博の3つを同時成功させることで、自分たちの政治的力を増大させ、また、住民サービス切り捨ての統治機構改革と、インバウンド需要の拡大を目指そうとしました。しかし、それらの3つを同時にやることは計画上かなり無理があること、「都構想」はだまし絵にすぎないことが明白であったので、これらの誤った3つの政策は、必ず彼らの弱点にもなると私は考えました。

組織力や財政力がない、いち市民であっても、相手の弱点を徹底的に突くことで一点突破し、大きな本体を崩すことも可能なのです。

そして、弱点を突くための圧倒的発信力と共感を生み出す人物・山本太郎とタッグを組むことが、それを実現可能にすると私は考えました。

山本太郎という〝システムエラー〟

私は、山本太郎に共感を寄せるたくさんの人びとの一人です。山本太郎に共感するのは、命を燃やして生きている感じがするからです。多くの人が感動するのはそういうところだと思うんです。

今の社会は、ゲーム理論で表されるような、利己的な人間のモデルが前提になっています。つまり、人は、個人の利益を最大化する、または個人の損益を最小化するように動くという想定で社会システムがつくられています。そういう社会で生きる限り、基本的には誰しも個人主義的な生き方をせざるを得ません。だまされないように、まずは他人を疑う。たとえ善行であっても、評価されないなら人助けなどしない。敷かれたレールから外れて「負け組」にならないようにする――そうやって、乾いたシステムの中で、多くの人々は日々を生きています。

しかし、私たちは人間です。そのシステムを踏み破る瞬間というのが、たまに起きるんです。誰しも個々人の人生の中で、そういう瞬間はあるかもしれません。または、みんなが「うわー、やったか」と思うほどの踏み越え方をする人が登場する時がありますす。その最高峰が山本太郎だと思うんです。権力者のやっていることが許せないという思い一つで、俳優業を擱《お》いて、反原発の行動を起こした。泥くさいどころか、泥まみれの人間が、国会に転がり込んだのです。

整然としたシステム内で突如発生したバグか〝システムエラー〟のようなものですよね。私はそういう瞬間にすごく感動しますし、わくわくして、心が熱くなります。

自分が橋下徹に噛み付いたのも、同じことなんだろうと思います。だから、自分と似た存在、戦友のように思ったのかもしれません。

生きづらさを変えたい

今の社会は、私にとって、非常に生きにくいです。上級国民・富裕層の人たちにだけ都合の良い仕組みが構築され、圧倒的多数の人は、がんじがらめにされて、すごく息苦しくて、生きづらい状況にあると思っています。社会も人も、どんどん追い詰められている気がして、その息苦しさを何とかしようと、自分なりの行動でこのシステムを変えようとしているんですけど、なかなかうまくいきません。

3・11大震災が起き、原発爆発事故が起き、誰しも心が折れてしまいそうな危機の中、山本太郎という、システムそのものをぶち壊すようなエラーが発生しました。山本太郎は、芸能人で、知名度も勢いもすごい。私のできないことをやってくれたと、感謝していました。

他にも、歌手の斉藤和義さんも、自分の歌を替え歌にしてまで反原発の怒りを伝えていたことにすごく感銘を受けました。また、ジャーナリストの伊藤詩織さんは、警察ぐるみで隠匿された性被害者として、訴訟や様々な行動を続けておられます。他にも、狭山事件の石川一雄さんをはじめ警察による冤罪と闘っている人、人生をかけて権力者や差別と闘っている人。南米で、ミャンマーで、ロシアで、ウクライナで、パレスチナで、世界で、悪政と闘っている人たち。このように、支配層が構築した重苦しい世界の中で、泣き寝入りすることをやめ、命を燃やして生きている人たちのことを知るたび、私は心を強く揺さぶられ、背中を押されてきました。

もちろん、みんなが心を揺さぶられるわけでもないのでしょう。山本太郎や私のような、衝突して社会を大きく変えていこう、というある意味での「破壊」も含む存在に対して、すっと引いていく人も中にはいると思います。

でも、明日のあなたは違うかもしれません。もう、このシステムの中でとどまっていることはできないと決意して、あるいはやむにやまれぬ事情によって、山本太郎と同じように、想定外の〝システムエラー〟を起こすかもしれません。

「生命としての力」を信じたい

　私が信じているのは、人間には多かれ少なかれ、生き生きとした命を燃やしたい衝動があるということです。火が付くのがいつかはわかりません。その人のタイミングだったり、時代だったりするかもしれません。私自身も生活がありますし、常に百パーセント完全燃焼しているわけでは決してありません。

　ただ、「生命としての力」を人間はみな持っていて、それが重苦しい社会システムとは根本的に矛盾するのだと思います。一気に火が付くこともあれば、散発的・一時的に火が付くこともある――そういう波の度合いに応じて、生きにくい社会構造が一部変更になったり、大きく変わったり、変わらなかったりというのが政治闘争であり、社会運動の波だと思っています。

　例えば、私は大阪府庁という職場で15年間、いち組合員として何百人、何千人、何万人にチラシを渡し、組合加入を呼びかけ、労働条件改善や反原発などをうったえてきました。自分の職場で身近なパワハラやサービス残業に声を上げてきました。

　助けてくれたり、一緒に取り組んでくれる人もいます。出る杭は様々な方向から打たれ、ときに、その戦列から離れる人もいます。でも、たとえ一回限り、一期一会であっても、その人からその時立ち上がったエネルギーは、灰色な職場の、冷え切った職場の中で熱を与えるものですし、それは人に伝わり、また連鎖していくものです。それが社会運動のリアルなのです。

時代も変わっていきますし、私のやり方が正しいとも言えません。新たな山本太郎、あるいは、若い人は若い人で、きっとすごい人が登場し、想像できなかったことをやってくれるだろうと思っています。

人間の商品化を終わらせるには

私の変えたいことの一つに「見た目重視の風潮」があります。

たとえば今、子どもにすら「あの子はかわいい」「あの子はおしゃれ」「イケメン」というルッキズムの言葉を、大人たちが目の前で容赦なく浴びせています。だから、小さな子どものうちから、自分は「かわいい」とたくさん言ってもらえるほうなのか、そうではないのかの洗礼を受けることになります。私はそんな社会で、「あの子かわいいね」と話しかけられた時、相槌《あいづち》くらいは打ちますけれども、内心では悲しいことだなと思っています。

そんなに、その「かわいい」は絶対的ですか？　それが一番の関心事ですか？　誰が決めたのか、勝ち組が決めたのか、わからないですけど、その美の基準が早くなくなるといいのに。それぞれの子が燃やしている生命を見て、みんなが、かわいい、愛おしいと心から思ってくれるような社会が来たら、どんなに良いかと思います。

子どもたちも、若い人も、あなたは社会的に評価される見た目をしているか、社会で役に立つのか、そういう大人の目にさらされて不自由していると思います。高級な商品になれ、映《ば》えろ、という価値観の社会で、若い人たちも順応している面はあると思いますが、どこかで生きづらいはずです。

自分で鏡を見て、あれがない、これがないと悩まないですむ社会にしたいです。誰しも現実離れした理想を描き、自分とその落差に悩み、写真に補正を入れ過ぎて、自分の生身の顔にあるブツブツだとか、ほくろさえ気になって、それを取り除かなきゃいけない。SNSで流れてくる自分の年代にあった美容のプロモーションに目を奪われ、それをやらなきゃ選んでもらえないのかという気持ちになる。そうして、どんなに「美人」とされる人であっても、常に常に、自分に満足できない。競争に勝てる「規格」が用意され、そこから外れることへの嫌悪、自分よりも外れている他人を見下し嫌悪感を持つという心理は、誰にでも当てはまり得るのではないでしょうか。

それは結局、商業主義によって垂れ流されたフィクションへの崇拝であって、自分や他者を絶対的に愛することができないワナであって、自分を縛るものでしかありません。そんなものは価値観レベルからぶっ壊したほうがいいと、私は思います。

「自分が最後の商品になる」という覚悟

そうは言いつつ、日常生活においての私もまた、そのフィクションの中で懸命に生き、みなさんに選んでいただく商品たる議員にすぎません。だからいつもルッキズムとのはざまで悩む個人でもあります。

よほどタレント志望の人でもない限り、女性が議員を目指して外に露出をしていくことは、結構つらいものがあります。私自身、もともと写真を撮られるのが苦手でしたし、大人になってから議員を目指すようになるまで、自分の写真はほとんどありませんでした。たまに集合写真や、旅行での家族写真に映り込んでいるくらいのものです。

そんな、露出が嫌いな私が、41歳になってから政治活動をはじめて、朝の街頭演説やらなんやらと、自分の写真をネットにさらすわ、でかく顔が載ったチラシを大量配布するわ、ポスターを貼るわ、とんでもないことやってるもんだなと思います。もうどうにでもなれと、ヤケクソでないとできません。

この社会で生きている以上、特に女性に対して「できるだけ見た目のアラがないほうがいい」「若見えがいい」という価値観が圧倒的な中で、どうしてもそこに囚われて生きていくしかありません。女性も男性も、ステレオタイプな「期待されているもの」に、ある程度自分を殺して応えなければ、商品として選んでもらえません。

政治活動において、見た目というのは重視されてしまうので、私も当面、それに囚われて活動していかざるを得ないのです。見映えを気にしたり、ポスターに使った顔写真のシワや髪型を補正できないか画策したり、ですね。でも、やはりこういう価値観は、良いことではありません。

今の、過度に見た目を重視し、人間を商品化する社会を終わらせなければいけないと思います。だから、商品化を終わらすための商品になるのだという気持ちで、活動しています。

はじめて知った「選挙のカラクリ」

私が衆議院選挙で比例復活当選した時のことを振り返りたいと思います。

現在の衆議院選挙は、議員定数465名の小選挙区比例代表並立制です。議員定数289名の小選挙区と、議員定数176名の比例代表制の選挙を併存させた制度となっています。

私は小選挙区と比例代表制選挙を重複で立候補し、小選挙区では敗れたのですが、比例代表制の選挙で比例近畿ブロックから当選したのでした。開票の最終、深夜4時ごろ、日本列島最後の一議席、定数465の465議席目に転がり込むという、まさに〝システムエラー〟が最後に起きたと思える奇跡の当選でした。

ここで「奇跡」を強調するのは、やはり今の日本の選挙制度において、選挙を制するのは圧倒的にお金であり組織でありテクニックなんだと痛感しているからです。

私が一人の有権者でいるうちには気づこうともしなかった選挙のカラクリが厳然としてあります。それを知っているごく一部の選挙屋集団である国政政党が、日夜、自分たちが選挙で有利になるようにうごめいている——これが今の日本の政治の実態です。

れいわ新選組は、組織もお金もない少数政党ですし、マスメディアからも無視圧殺された存在でしたので、選挙前の結果予想も、山本太郎すら当選は危ぶまれるという厳しいものでした。ゼロ議席もあり得ると。だから政界に詳しい人ほど、衆議院で3議席も取れるとは思わなかったのではないでしょうか。

山本太郎は、その状況の中で対話型の街頭演説を全国で展開し、街頭で自分たちの熱を伝えるという地道な活動を続け、全国の地熱を温めてきました。衆議院選挙の1ヵ月前の記者会見で「選挙の秘策はあるか」と問われ、次のように述べました。

「草の根でやるしかないから、私たちは草の根をやり続けている。でも、なんとなくふわっとテレビで刷り込まれたことよりも、実際に、目の前でしゃべっている人間の温度を感じながら、やり取りができる。そこで生まれたコミュニケーションを通じて、横に広げていく。それが、本当の社会をひっくり返す力になっていくんだろうなと思う。それが次の衆議院選挙に間に合うかどうかはわからない。次の参議院選挙までに間に合うかどうかはわからない。でも、わからないからやらない、ということにはならない。やるしかない。もう、こんな地獄は変えるしかないから。次の選挙で、野党側が勝てるという何かしらの特別な取り組みがあるかという質問だが、これまでやってきたことを、さらに力を入れてやっていく以外にはない。ただ、それだけです」

このような愚直な政治姿勢は、選挙において非常識かもしれません。なぜなら、権力者に適度に屈しながら、選挙には勝たせていただけるようなポジショニングに勤《いそ》しむことこそが、現時点での既成政党や個々の政治家の最適解であり、既存のシステムに沿ったやり方だと思うからです。

つまり、国会内のインサイダー取引で国会の外を裏切り、あたかも闘っているような茶番を国会の中で延々と展開するようなやり方で、自分たちの稼ぎ口を安泰にしているのです。

でも、そこにはシステム上の抜けがあるのではないか。人間によって成り立つ社会の中で、人々を裏切る政治に、多くの有権者が怒りを抱えているのではないか。タイミングをいつにするかは有権者次第だけれども、怒りと現状変革を求める人の熱が、人によって伝播《でんぱ》され束ねられた時、社会のシステムにエラーを生じさせることができるだろうと私は思うのです。

素人集団でも悪政は止められる！

私も大阪において、山本太郎の政治姿勢を地域課題に結びつけてきたつもりです。〝だまし絵〟で、住民の生活は10年経っても良くならない、都構想で大阪をさらに破壊して、上級国民に都合の良い社会に組み替えようとしている。そのことを「許せない」と思っている市民とともに、その熱を周りに広げて、悪政を阻止しようとするものです。

これらの草の根運動が人々に受け入れられたなら、悪政は止まり、選挙においても奇跡は起きるかもしれないと仮説を立てて取り組んできました。

それらの取り組みは教科書のない、ゼロからの手づくりでの市民運動であり、素人の運動でした。チラシを配布してくれる人がいたら、それにあわせてチラシを印刷し、ポスター訪問をしてくれる人がいたらその体制をつくり、街宣カーを運転してくれる人がいたら車をラッピングして、足りないお金は寄付を募るという方法で、都構想阻止をはじめとして、様々なキャンペーンを実施してきました。実際に都構想は、大阪市民の力で阻止できました。市民のみなさんには今でも「山本太郎が大阪に張り付いて、わかりやすい街頭演説をたくさんやってくれたから止められた、ありがとう」と声をかけていただきます。

そして、ついに迎えた衆議院選挙戦で、その〝システムエラー〟は発生しました。

いま振り返っても、それはもう恐ろしいまでの素人選挙でした。

衆議院選挙の参加経験者は一人もいませんでした。地方組織もありません。ただ、頭の良い人は何人かいました。それから「ええやん、おもろいやん、やってみようや」という物好きの人たち、選挙オタクだけど個性的過ぎる人たち、都構想や維新とずっと闘っていた大石あきこを断固支持する！　という地域住民さんたち、れいわ新選組を応援するという広範な人たち。

その人たちで、公職選挙法をゼロから読んで研究して、ギリギリセーフのところまで全部やるぞ、みたいな作戦を立てていきました。必要なグッズを揃えて、必要なボランティア募集をするために政治資金パーティを開いたり、説明会を開いたりして構築していきました。デザイナー、アニメーター、動画をつくってくれる人、配信できる人などがどんどん現れるので、素人にしては露出ができているほうだったと思います。とにかく「こんな分野からの支援が？」と思わぬ支援が増えていきました。みんなの利益を指し示し、地道に闘っていたら、その熱が伝わって、人は引き寄せられてくるのだと思います。

一方の他党は、いわば、高いお金で調達した、洗練された神輿《みこし》を何基も揃えているような状態ですが、そのころ私たちは、市民の部品の持ち寄りをもとに神輿をデザインしみんなで組み立てる、というようなことをやっていました。神輿は候補者が乗りもするが、神輿をこぐこともできるような自転車みたいな神輿ですね。こいでいたらネジが外れたり、部品が飛んで行ったりするような。

草の根の力で未来をこじ開ける

選挙期間がはじまってからも、漫画のようなむちゃくちゃな日々でした。よその組織だったら、ちゃんと計画を立てて、いろいろできていただろうに。寄せ集め集団って本当にカオスで個性的です。

例えば、運転手さんの確保には難儀しました。れいわ新選組は当時、地方議員もいなければ、選挙のための専従スタッフも基本的にいません。選挙期間中、一日12時間動かさないといけないない選挙カーやスタッフ用の車を、一体、誰が運転するんだ⁉ というのは大きな問題です。

ボランティアの多くは労働者ですので、選挙期間の平日は入れない人が多いです。この選挙のために仕事を辞めてくれた人、派遣労働をキャンセルしてくれた人、タイから一時帰国して手伝ってくれた住民さん、退職したベテラン組もたくさん手伝ってくれましたが、なにぶん運転は複数の車を交代制で組まないといけないし、同時にチラシ配布スタッフや街宣スタッフ、選挙事務所の運営スタッフも必要なので、どうしてもシフトが埋まらないのです！

困り果て、事務所の外で看板を眺めながら少しぼーっとしていた時、私と同年代の男性と目が合いました。その男性も看板を見ていたのです。ビビビッと来た私は即座に声を掛けました。

「あの、運転手になってもらえませんか？」

すると「いいですよ」と返答があったので、「まじですか、ちょっと事務所の中に入ってください！」と招き入れて事情を説明したところ、タクシー運転手を一時的にお休みされていたので、平日も入れるとおっしゃるのです。そんなこんなで、目が合っただけで道連れにしていくことも含め、神輿は選挙戦の最後まで何とか駆け抜けることができました。

なお、その男性が看板を見ていたのは、山本太郎の街宣を東京で見かけたことがあって、れいわ新選組のことを覚えていたからだそうです。感動の出会いでした。ところがその男性はタクシードライバーだったのに、実は運転が苦手で……という悲劇のエピソードもありました。スピーカーが壊れたり、無線が壊れたり、私の喉が早々につぶれてしまったり……。

それでも、選挙で必要とされるような、街頭演説、電話かけ、選挙ハガキ、SNS宣伝、そして新しい選挙の特色としてのYouTube配信など、手づくりの神輿であっても、他陣営がやっていない戦術も含めて、すべてやり切りました。もう、ほぼ全員が過労でクタクタの状態でした。

「こんな選挙戦で当選するほうがおかしいやろ！」と我ながら思わなくもありません。でも、これは単なる偶然ではなく、市民側が唯一仕掛けられる〝システムエラー〟としての最終枠だったのです。マンガみたいに滑稽であっても、奇跡的につくり上げた神輿でゴールに激突して、エラーを発生させました。私たち市民が、ゴールに間に合ったのです。

大石あきこが、市民運動を基礎とした政治活動を始めてから丸3年。誰も「大石が議員になる」なんて想定していなかったでしょう。多くの野党の方々も、鼻で笑っていたのではないでしょうか。

しかし私は常日頃から、偶然が起きた時に、いつでも返し技ができる最良のポジションに着くための努力してきました。もちろん、自分の力だけではどうしようもない時もありますが、これからもそうやって、草の根の力で未来をこじ開けていくことを続けていきます。

国会議員を勘違いさせるワナにハマらない

国会議員になって間もないので、自分のアイデンティティはまだ「いち市民活動家」ですし、そのままの目線でいたいなと思っています。その目線から国会議員である私を見つめると、「大石あきこさん、えらく周りにちやほやされているじゃないか」と思っているんです。

これまで毎年、自費で国会に行って、介護の政策要求に参加していましたが、今年は国会議員として参加したところ、ツイッターなんかでも「良い仕事をしてくれた」と褒めていただけるのです。でも、いち市民活動家の大石あきことしては、「おいおい、ちょっと待ってくれ」と。仕事を休んで東京にかけつける労働者や市民が一番がんばっていて尊いわけですから、「議員の大石を褒めるのは納得いかねえぞ」と思っていたりするんです。

衆議院議員会館も設備が立派で、豪華な机や椅子に座っていますが、これまでの淀川区木川西の愛すべき小さな事務所では、何か物を一つ置くなら、何か一つ出さないと場所がないという状況でした。まさか東京の一等地に、スカスカのキャビネットが設置された事務所で、私がチンと座っている日が来るとは思いませんでした。

議場に行く時に忘れ物をして、急いで取りに戻ったことがあります。秘書に「そういう時は議場に行きながら携帯で電話してください。追いかけて届けに行きますから」と諭されました。ありがたいと思う反面、「これではダメ人間になってしまわないか？」と不安ですので、やはり自分で忘れ物は取りに行きます。

国会議員は、新幹線でグリーン車に乗ることもできます。移動時間を仕事に充てるために、グリーン車を利用することが多いのですが、座席のシート以外にも自由席とは差別化が図られているのに気づきました。グリーン車の車両は、ホーム上で長い距離を歩く必要がないように、エスカレーターのすぐ近くの位置に止まるんですね。これまで私が乗っていた自由席はホームの一番端っこでしたから、歩く時間にして数分の違いが生じます。いや、なんと便利な……。「お金持ちはこういうふうに優遇されているのか！」「これが当たり前だと思ってしまったらまずいな」と感じています。

議員会館には議員専用エレベーターがあって、それも隔離政策のように感じたりしたのですが、しばらくしたら慣れてしまいますね。「先生、先生」と官僚の方々に呼ばれるのは、毎回凍り付くような気持ちでしたが、「大石さんでお願いします」と言われても、あちらも迷惑だろうと思うと、まあええわ、となって、これも慣れていくのでしょうか。身の回りのあちらこちらに、議員が偉い人だと勘違いするワナが仕掛けられているので、やはり「議員・大石あきこ」を生暖かくみつめる、もともとの大石あきこに心の軸足を置いておきたいところです。

でも、結果として「偉い人」と勘違いしないで済んでいるのです。というのも、これいわ新選組は国会内において最弱小会派であり、国会カーストの一番下にあることを、いつも思い知らされるからです。委員会での質問に割ける時間も、理事会を傍聴する権利も、生殺与奪は常に大きな政党に握られています。大きな政党に守られ、ふんぞりかえっている勘違いしたおっさんがど真ん中にいる政治の中で、「今に見てろよ」と国会議員・大石あきこのハングリー精神は静かに燃えています。

衆議院議員会館や参議院議員会館には、市民団体の人たちがやって来て、時々集会を開きます。「院内集会」と呼ばれるもので、署名を持ってきて提出したり、労働争議になっている問題を当事者が訴えたりと、政治家や省庁に向けてさまざまなアピールをする場になっています。私も時間がある時に参加しますが、市民団体の訴えを聞いて、普段なら泣かなかっただろうに、なぜか涙が出てしまうことが何度かありました。

地道に署名を集めてきた人たちが、院内集会で、いつも私が参加してきたような集会をやっている。それを見ているうちに、ああ、こっちが自分じゃないかと、望郷の思いがするのでした。永田町の乾いた灰色の建物の中で一人で彷徨《さまよ》っている時に、オアシスか人間に遭ったような気持ちです。

改めて感じているのは、国会議員になることは、あくまでも社会を変革するための手段であって、しがみつきたくはない、いつまでもアウトサイダーでいたいという気持ちです。物事を動かす時に重要なのは、現場の意見や世論であり、国会議員はその代弁をする限りにおいて意味がある。だから永田町の空気に染まらずに、常に国会の外と一緒に呼吸する存在でなければ、国会にいる意味はないのです。

れいわ新選組は、政党なのですが、あまり政党っぽくありません。法案や決議への賛成や反対は、通常は党議拘束という縛りがあって、党の決定に従わなければなりません。しかし、党と自分の考え方が異なり、党の決定に従いたくない場合もあります。そんな時、他党ではどうするかというと、全体としては「賛成」の決定を飲むのですが、「お腹が痛い」と言って本会議を棄権して党のメンツを守りつつ、自分の意思も曲げないという「高等戦術」を使ったりします。有権者から見れば「何やってんの?」という感じでしょうが、それほど会派に属する議員にとって党議拘束は重いようなのです。

ところが、党首・山本太郎はそういう縛りにこだわりません。

もちろん一致した見解を出すために党としてぎりぎりまで議論は続けます。

それでも、一致しない時を見越して「最終的には党議拘束しない、各自の言論の自由を確保する」という運営を行っています。私にとっては当たり前のことだと思いますが、政党のやり方としては、珍しいようです。

私が「自分と似ている」と考える党首・山本太郎とですら、徹底討論しても意思一致できず苦しい時も多々あります。でも、最終的に自分の核となる部分について自分を偽る必要がないのは、本気度が高い政党だからこその原則だと思います。

「お腹がすいた」こそが正義

ここまでの話だけだと、れいわ新選組が他の党とは大きく異なる政党だと思われるかもしれませんが、実は、この党の一番大事な特長が「お腹がすいた」という次元の、人間の基本的欲求に正義を置いているところだと私は考えています。

維新も含めて、多くの野党は「合理性」を大事にして、不合理を排除した効率の良い社会をつくろうとしたり、または、ごく一部の方を「弱者」と定義して手を差し伸べる社会をつくろうとしていると思うんです。

一見悪くはなさそうなのですが、この合理性に重きを置く価値観は、結局のところ「誰もが持っている個人の弱さ」を許さず、「救済するべきかどうか」を選別する思想を導いてしまうと思うのです。これは優生思想と表裏一体のものです。

例えば、がんばってない人からは生活保護も取り上げて当然だ、がんばらない労働者はクビだ、と切り捨ててしまう社会がそうです。節約しよう、無駄を排除しよう、他人に迷惑をかけるな、といった風潮もそうです。なんだか、お説教くさいのです。その思想が最後は、医療資源の節約のためにお年寄りには死んでもらおう、障がいのある子どもには生まれてこないでもらおうという恐ろしい社会とつながっていくように私は思います。

確かに、なにごとも合理的なほうが良いかもしれないですけれども、人間が誰しも持っている「お腹がすいた」とか「なんだか嫌だ」とか「サボりたい」という主観を、低く見ないで、むしろ正義と捉え、その主観を満たすことそのものを目的とした政治を行うということは、実は大事な哲学ともいえるものです。

そもそもこれだけ生産力の高い社会において、そうした主観的欲求を満たすことは十分可能なのですから、上からお説教して、全員をがんばって働く大人に仕向ける必要があるのでしょうか。サボっても怒られない社会のほうが、良くないですか？

れいわ新選組において、こういう視点での哲学的討論はまだしたことがないですけれども、政策はそうなっています。ある意味で、自民党がやってきた地元住民が喜ぶことをする政治は、それに近いものはあるかもしれません。

ただ、れいわ新選組は資金力がないし、買収目的もありませんので、「サボっても怒られない社会を一緒につくりませんか」とか「消費税を廃止したら、お買い物できるでしょう？」「介護職の賃上げ10万円」「大阪市民が損をする都構想には反対を入れてください」といった間接的な地域貢献の声掛けになってしまうのですが。

私が政策を考えるうえで重視しているのは、人としての体感です。

「お腹すいた」とか「なんか上の奴らから足踏まれてないか」「戦争が起こりそうだから怖い、嫌だ」といった身体的な感覚は、人間にとって大事なサインです。「嫌だ」という不快感を外に向けて放つのは、わがままな態度ではなく、社会をよりよい方向へ進めるエネルギーにもなります。私はそういう市民の声を代弁したいと考えています。多くの人々が「お腹がすいた。こんな世の中は嫌だ」と思っているのなら、そこに難しい理屈はいりません。その感覚こそが正義です。

「緊縮」では明日の食事にありつけない

私たちは、世界の上位1％の超富裕層が、世界中の個人資産の4割を所有するという異様な世界に生きています。格差が拡がる一方の現在、人間にはまず衣食住が必要だという地点から、政治の議論をスタートさせなければなりません。

イギリス労働党のジェレミー・コービン党首は、マルクス主義者でいわゆる左派の人です。公共投資の拡大や富裕層への課税を訴え、2015年の党首選挙に臨みました。当選は難しいと考えられていましたが、若者らの熱狂的な支持を得て党首の座につきました。トニー・ブレア首相の新自由主義的な経済路線を一部取り入れた「ニュー・レイバー（新しい労働党）」に対し、一昔前の社会主義のような政策を掲げたので「オールド・レイバー（古い労働党）」とも呼ばれます。著書『21世紀の資本』で有名になったフランスの経済学者トマ・ピケティ氏もコービン氏の経済顧問を務めています。

時代遅れとみなされていたオールド・レイバーが力をつけてきた背景には、保守vs.革新のイデオロギー対立よりも、「明日の食事にどうありつくか」を重視した経済政策の存在があります。推し進められてきた緊縮財政に対し、公共サービスを手厚くしたり、国民健康保険への支出を増やしたりするなど、反緊縮政策を唱えているのが大きな特色です。

1980年代以降の新自由主義は、緊縮財政によって公共サービスを切り詰め、可能な限り民間委託をして「小さな政府」を志向しました。しかし、今やヨーロッパの左派を中心に、反緊縮が大きなうねりとなっています。スペインのパブロ・イグレシアス氏が率いる政党「ポデモス」も、若い世代から絶大な支持を得ています。フランスやギリシアでも同じような動きが出てきています。今まで通りの資本主義を続けても格差は大きくなるばかりで、人々は幸せになれないという強い問題意識が、こうした運動の背後に横たわっています。

保守と革新を分かつ「右」と「左」の間のかつての分水嶺は、現代では「上」と

「下」、つまり上層と下層の間に移行しています。庶民の間に「本当の敵は私の右隣でも左隣でもなく、上にいる」という共通認識ができあがりつつあります。日本においても「上」と「下」の大再編が今後大きなテーマになってくるはずです。富裕層は下からの再編を快く思わないでしょうが、ヨーロッパ各地で起きているうねりは、いずれ日本にも波及してきます。

「反緊縮」と「排外主義」のセットはナチスと同じ

私が政治家として活動する動機の一つとして、1930年代に起きたナチスのファシズムを決して繰り返してはならないという決意があります。20世紀に二度の世界大戦を経験した人類にとって忘れてはならない負の歴史であり、なぜ戦前のドイツでナチスがあれほど熱狂的に支持されたのか、理由も合わせて記憶しておかなければなりません。

第一次世界大戦の後、世界で恐慌が起こり、ドイツでは失業率が約4割に上ったと言われています。当時のドイツ政府は財政緊縮策を取りましたが、不況はさらに加速し、失業者を増やす結果を招きました。そこでナチスは「労働者に仕事とパンを与える」を公約とし、大規模な雇用創出策を打ち出します。この反緊縮政策は効果を発揮し、失業率は劇的に改善して国民がナチスを支持する下地ができ上がりました。有名なアウトバーンもこの頃に着工されました。

公共投資をするという点では、同じ時期にアメリカのフランクリン・ルーズベルト大統領が実施した「ニューディール政策」とよく似ています。どちらも大恐慌による経済危機を克服しましたが、ニューディール政策に比べると、ナチスの経済政策は知名度が高くありません。

しかし、ホロコーストのような数々の非人道的な行為や、優生思想を国民が盲信し、熱烈にナチスを支持するようになった背景に、経済の立て直しがあった点は忘れてはならない重要な事実です。

ナチスが推進した政策は、反緊縮と排外主義がセットとなっているのが特徴です。本来、反緊縮は左派との親和性が高いものですが、ナチスの例は、右派的な排外主義と積極財政が結びつく可能性が十分にあることを示しています。これだけ格差が拡大した今の世界において、ナチスと似たような主張が受け入れられる土壌は十分にあります。私たちは20世紀と同じ轍《てつ》を踏んではなりません。

世界で猛威を振るう極右排外主義との向き合い方

予兆はすでに見え始めています。

ハンガリーでは2010年ごろまで社会党政権が新自由主義的な緊縮政策をとっていましたが、政権運営がうまくいかず国民の支持を失いました。その結果、反緊縮を掲げるオルバン・ヴィクトル首相に人気が集まりました。強権的な政治を進めるオルバン政権は、反移民政策を掲げ続けています。シリア難民らの受け入れを拒み、不法移民・難民を支援した非政府組織（NGO）のメンバーらを禁固刑の対象とする法律をつくりました。かつてのナチス・ドイツとの類似性を指摘する専門家もいます。

米誌で「ミスター極右」の異名を取るオルバン氏は、アメリカのドナルド・トランプ前大統領とも意気投合し、トランプ氏が当選した際には「素晴らしいニュースだ」と述べ、賛辞を贈りました。オルバン氏をホワイトハウスに招いたトランプ氏は

「オルバン氏の移民政策は正しい」と称賛しました。

トランプ氏もメキシコとの間に壁の建設計画を表明するなど、排外主義的な側面がクローズアップされますが、両者はともに反緊縮政策を掲げているのが共通点です。トランプ氏は2017年に大統領になった時、大規模な公共事業を実施して雇用を確保すると主張し、国民の支持を得ました。新自由主義的な政治家と思われていますが、大きな政府を志向している点で一線を画しています。

世界中で猛威を振るう極右排外主義との向き合い方は、この時代を生きる者にとって無視できない大きなテーマです。私は極右排外主義者とは相いれない考え方を持っています。少数者を差別したり、自分たちの民族の優秀さを言い募ったりする言動は許されません。

しかし、排外主義的な人を「話が通じない人たち」と切り捨てても始まりません。2016年のアメリカ大統領選挙でヒラリー・クリントン候補がトランプ氏に負けた背景には、こうした人たちに「反知性的」とのレッテルを貼り、ばかにするような態度を取ったエリート層に、多くの人たちが反感を抱いたという事情がありました。

世界には排外主義的な思想が溢れ、そのような思想に引き寄せられる可能性は、誰にでもあると考えなければなりません。「話の通じない人たち」というレッテル貼りは、双方の間の回路を閉ざしてしまいます。さまざまな事情によって「自分はこの社会の被害者だ」と攻撃的になっている人たちと共に、「本当の加害者は誰か」を見定めていく努力こそが、排外主義の治癒につながるはずです。

フランスでは2018年、生活費の高騰などに抗議する「黄色いベスト運動」が盛り上がりを見せました。大金持ちに有利な税制に対する庶民の不満が爆発したと言われています。抗議活動の場は極左集団と極右集団が入り交じったカオスのような状態だったそうです。

2022年4月には、フランスの大統領選挙で現職のマクロン候補が勝ったものの、極右のルペン候補と革新系のメランション候補の台頭が話題になりました。両氏の台頭は、グローバル競争が引き起こす生活苦への民衆の怒りの反映です。メランション氏は差別と排外主義に反対するとともに、生活必需品の価格凍結や年金支給の60歳引き下げなど、積極財政で支持を広げており、私は、各国でそうした動きが起き政権が変わった時、戦争と差別をなくせると考えています。

日本を戦争当事国にさせない

こうした状況の中、日本でいま政治的争点となっているのが憲法改正です。自民党は憲法9条への自衛隊の明記、緊急事態条項の創設などの改憲を公約に掲げようとしています。維新も9条改憲案を発表しています。本質は、この国を戦争当事国にするための動きであり、絶対止めなければいけません。

ロシアのウクライナ侵攻に乗じて「核共有」や防衛費増額を主張する人たちは、米中戦争のアメリカ側の当事国になるシナリオを描いています。「この国を守る」と言って国民をだまし、若者を戦争に駆り立てようとしているのです。

だからこそ「この国を守るとは、あなたを守ることから始まるのだ」と叫び、戦争当時国になることを拒否して、所得の向上と安定した仕事、国内生産の復活を求めることが、今、必要なのです。

第4章

私が「維新ぎらい」の理由

——有権者をあざむく裏切りの〝だまし絵〟

「二重行政の解消」という〝だまし絵〟

今さらですが「維新」とは、「大阪維新の会」という地域政党と、「日本維新の会」という国政政党の両方を指す言葉です。それらの創始者が橋下徹氏です。

大石あきことというと「維新」の批判ばかりしている、というイメージが定着していると思います。実際にそうです。だから、この本のタイトルも『維新ぎらい』です。

なぜ嫌いなのか？　それは、維新が「大阪維新の会」を勢力拠点に、地方自治体のトップを掌握して、「身を切る改革」「二重行政の解消」「都構想」という〝だまし絵〟を用いた詐欺的手法でもって、住民をだまそうとしているからです。自らも首長という公務員でありながら、一般公務員を仮想敵として描き、商業主義に陥ったマスメディアとの蜜月関係を利用し、独裁と強権発動を正当化しているからです。

その核心には、「住民サービス」と「安定した仕事」という社会インフラを、この社会から消し去る意図があります。大阪を実験場に、全国にこの流れを拡大しようとしています。私はこの拡大をなんとか止めたいと考えています。

私の維新ぎらいは、単なる毛嫌いではありません。維新の政治が、どの地方にとっても、どの住民にとっても邪悪なものであることを知っていただきたいのです。

さらには、単に「嫌い」で終わるのではなく、2020年に大阪で「都構想」を止めた力は住民の中にあったこと、その住民の力こそが次の日本の未来を拓くものであることをお伝えしたいと思います。住民の力で、大阪や日本中にはびこる〝だまし絵〟〝独裁〟の政治を終わらせ、新しい社会を建設する未来を私は展望しています。

それでは維新の〝だまし絵〟について見ていきましょう。

悪夢再び！ 1000億円かけた「ムダなビル」を建築中

「身を切る改革」に加え、維新がテレビでよく言う「二重行政の解消」とは、実は、市民に必要な身近な行政サービスを打ち切ることでした。そのことはぜひ、みなさんに知っていただきたいです。

まずは「二重行政」という言葉がどう使われているか、説明します。

たとえば2020年10月12日、吉村洋文知事と松井一郎市長が大阪市内で行った演説の際、「二重行政を解消し、大阪を成長させる」「この10年間、二重行政のムダを排除してきた」とし、だから「大阪の未来のために都構想に賛成をお願いします」と繰り返しました。

また、菅義偉前首相も官房長官だった2019年、「大阪都構想は二重行政の解消を図るものだと認識している」と発言しています。官邸までそう言うのですから、影響力は絶大です。

具体的にはどんな「二重行政」があるとされているのでしょうか。

大阪維新の会のホームページでは、大阪の二重行政の最たるものとして、「府と市がそれぞれ税金でムダなビルを建てて2つとも破綻した」ことを指摘しています。

そこで、2つのビルについて調べてみました。

① 大阪ワールドトレードセンタービルディング（WTC）／大阪市住之江区・咲洲《さきしま》

設置者：大阪市

計画　：1988年　臨海部に新都心の整備を目指す「テクノポート大阪」

完成　：１９９５年
その後：２００３年に破綻→２０１０年、大阪府が咲州庁舎として買収
総工費：１１９３億円
高さ　：２５６メートル

②りんくうゲートタワービル（ＧＴＢ）／泉佐野市

設置者：大阪府
計画　：１９９０年　関西国際空港開港（１９９４年）にあわせた「りんくうタウン」構想の一環
完成　：１９９６年
その後：２００５年に破綻→２０１２年、香港に拠点を置く「新龍国際集団（SiS International Holdings）」の特定目的会社が約30億円で買収、２０１９年から名称「ＳｉＳりんくうタワー」
総工費：６５９億円
高さ　：２５６・１メートル

高さが10センチでも高くなるように競ったという大阪市と大阪府。こんなムダで巨大なものを競って造った挙げ句の破綻は、確かに許せません。30年前の過ちを二度と犯してはいけないはずですよね。

しかし、こちらはどうでしょう。今、府と市は再び、同じ過ちを繰り返しているのではありませんか？

③ 夢洲《ゆめしま》駅タワービル／大阪市此花区・夢洲（WTCの隣の埋立地）

設置者：大阪府と大阪市
計画　：2017年「夢洲まちづくり」構想（カジノを含む統合型リゾート〈IR〉・万博想定、大阪市100％出資の大阪メトロが計画）
完成　：2025年か（予定）
総工費：約1000億円
高さ　：約275メートル

よく見ると、ひそかに過去の「ムダなビル」2つと高さを競っていますよね？　いわば30年前の焼き直しのような、古臭い発想で計画されたビルです。

維新は30年も前の開発を持ち出して「2つのムダなビルだから二重行政だ！」と強調していますが、では、ムダなビルが1つなら、今、建設してもいいのでしょうか？

そもそも30年前の開発についても、正しく歴史を見ると「二重行政が原因」というのは事実ではありません。当時、大阪府が、民間資本を呼び込んでりんくうタウンに超高層ビルを10本以上も建てようとしたものの未遂に終わり、1本だけ建てた事件、というのが歴史の真実です。つまり、これは「大阪市」との二重性が原因ではありません。単なる大阪府による開発の失敗です。

結果としては「二重行政の問題」ではなく、「ムダなビル建設や開発はダメ」という問題です。それに対し、1つならムダなビルを建てても良いとするのが、何とも維新流です。〝だまし絵〟で問題の構図を錯覚させ、斜め上の代替案をいつも出してくるのです。

市民にとって本当に必要な施設をムダ扱い

他にも、維新が作成した「都構想まるごとスッキリBOOK」に掲載されているものを見てみましょう。二重行政によるムダな投資として、次の3つのケースを示しています。

①　グランキューブ大阪（大阪府立国際会議場／大阪市北区）
×インテックス大阪（大阪市が整備した国際見本市会場／大阪市住之江区）

②　ドーンセンター（大阪府立男女共同参画・青少年センター／大阪市中央区）
×クレオ大阪中央（大阪市立男女共同参画センター／大阪市天王寺区）

③　大阪府立中央図書館（東大阪市）
×大阪市立中央図書館（大阪市西区）

さて、これらの建物はムダだったのでしょうか。

グランキューブ大阪は2021年、自衛隊による新型コロナウイルスワクチンの大阪大規模接種センターとして利用されました。また、インテックス大阪は、知事と市長が誘致に力を入れた2019年G20大阪サミットの会場でした。そして2021年には大阪市大規模接種センターとなり、その後、臨時医療施設「大阪コロナ大規模医療・療養センター」となりました。

ドーンセンターとクレオ大阪中央は、市民の活動を支援する施設です。前者は子連れでも利用しやすく、経済力が乏しくても市民活動ができるようなバックアップ体制が整備されていました。その結果、主婦たちによる駅のバリアフリー等の調査・提言がなされる舞台にもなってきました。

いずれも大阪市内にありますが、駅に比較的近い都市部にあるため、大阪市外からも利用しやすく、会議室使用率は高いです。民間の貸会議室と違って、安い金額で住民が集えるスペースとして、もっとあってもいいはずです。

大阪府立中央図書館と大阪市立中央図書館も、併存していたらムダですか？　名前が似ているだけで、府立図書館は大阪府に2館しかありません。隣り合わせに建っているわけでもなく、豊かな都市であるならば、都道府県レベルと市町村レベルの図書館があって当然です。これを減らしたら豊かになるなど、逆の理屈です。

このように、1つ1つ具体的に見ていくと、大阪市と大阪府が「二重で、余っていて、ムダ」と言えるものは1つもありません。「二重行政」とは、控えめに言って、言いがかりなのです。この言いがかりをする理由は、なんでしょうか？

夢洲駅タワービルを「1つ」、どうしても造りたい。カジノ開発をやりたい。お金持ち相手の商売で一山当てたい。もし当てることができなくても、その過程で、自分たちの身内はおいしい思いができる——そういう思惑があるのではないでしょうか。

中小企業の衰退を招き市民の健康を損なう「維新政治」

他にも以下の機関・施設が「二重行政」として、大阪においてはやり玉に挙げられ、すべて、統合・廃止などになってしまいました。

①信用保証協会は2つあったらムダだったのか？

大阪にはもともと、大阪市内の中小企業を専門的に保証していた「大阪市信用保証協会」と、府内全域の中小企業を対象とする「大阪府中小企業信用保証協会」が存在していました。大阪市内の場合、膨大な企業集積があり保証ニーズも高いため、2つの機関で並行してサービスを提供していたのです。

しかし、これが「二重行政の象徴的存在」としてやり玉に挙げられ、2014年5月、2つは「大阪信用保証協会」に合併されました。

大阪市立大学商学部の本多哲夫教授は2015年に開催されたシンポジウム「豊かな大阪をつくる」でこう指摘しています。

「統合により職員数は減少。大阪市エリアでは中小零細企業の衰退が著しいのに、職員数が減らされたということは、さらに地域経済状況は悪くなる」

② 地方衛生研究所は2つあったらムダだったのか？

地方衛生研究所は、新たな感染症などを迅速に原因究明する専門機関です。「大阪市立環境科学研究所」と「大阪府立公衆衛生研究所」という、2つの地方衛生研究所が「二重行政」と言われましたが、担当エリアと役割が異なり、重複部分はありませんでした。いずれも日本有数の技術を持つ研究所で、結核の追跡調査や、大規模な食中毒の蔓延の際などに力を発揮していました。相互の協力関係もありました。

それを1つに統合・リストラするのは、公衆衛生の観点から危険だとの有識者の指摘や現場の反対を押し切って、2017年4月に「大阪健康安全基盤研究所」として衛生部門が統合されました。いまは、大阪府市の共同設置（地方独立行政法人）です。

そもそも地方衛生研究所は、すべての都道府県と政令指定都市、多くの中核市、そして東京都の特別区（新宿区、港区、江戸川区、足立区、杉並区、世田谷区）にもあります。お金があって人口密集型都市の自治体は、身近なところに自前で研究所を設置しておきたいのが普通です。

新型コロナウイルスの蔓延により、検査体制・追跡調査の強化が求められていますが、感染が多い大阪市内で検査を迅速に行う機関を失った代償は大きいはずです。その結果が、大阪のコロナ対策（人口10万人あたりの死者数）がワースト1となっている一因ではないでしょうか。

維新はさらに、以下のような「二重」でない事務を「二重」と称して、「ムダを省くため」に「一元化」しようとしています。つまり、身近な基礎自治体である政令指定都市から事業や財産が切り離され、都道府県に統合・没収されようとしているのです。

あなたの自治体でもこの流れ、広げたいと思いますか？

① スクールカウンセラー事業

「いじめや不登校等の子どもの問題行動等の未然防止や早期発見、早期解決のため、地域におけるカウンセリング機能が一層充実するよう、中学校や小学校にスクールカウンセラーの配置及び派遣」をする事業です。子どもや保護者にとって心強く安心できる存在のはずですよね。

② 障がい者歯科診療センター

虫歯の症状や痛みの程度がわかりづらかったり、治療を受ける姿勢を保ちづらかったりするなど、一般の歯科医院では対応が難しいケースがあるため、「障がい者歯科診療センター」の運営委託を行うとともに、障がい児（者）歯科診療を行う医療機関等について情報提供を行い、障がい児（者）歯科診療体制の整備を図っています。障がい児（者）やその家族にとって必要不可欠な施設です。

③ 病院

大阪府内には、大阪市、堺市、豊中市、東大阪市、吹田市、枚方市、箕面市、池田市、貝塚市、和泉市、柏原市、八尾市、岸和田市、藤井寺市に「市立病院」がありま す。ところが、市民にとって身近で大事な財産であるこれら市立病院の削減や、大阪府立に移管することが狙われています。

④ 都市計画

「道路・公園等の都市施設や地域地区・地区計画等の都市計画」を立てるのは、まちづくりの基本中の基本です。だからこそ、どの市町村も、自分たちで都市計画を作成しているのですが……。

⑤ 水道

水道は私たちの命と日常の暮らしに関わる最重要インフラなので、市町村が責任をもって経営するのが基本です。大阪市の場合、市民向けの料金は大都市の中でも最も安く抑えられており、市内の大規模事業者が多く負担する料金体系にしています。

ところが、この市の水道を「一元化」で大阪府の財産にしてしまうと、市の独自施策はなくなり、市民向けの料金は高くなることは目に見えています。

⑥ 消防

消防もまた、日々の生活に欠かせない市町村の重要な仕事です。大阪府は消防を管理しているわけではありませんので、「二重」でも何でもありませんが、「一元化」として大阪府が没収するのが望ましいと維新は判断しています。さすがに論理が雑すぎませんか。

⑦ 高校

2022年4月、大阪市内の市立高校21校すべてが、府立高校となりました。21校の財産的価値は、市の公有財産台帳価格で計約1500億円、市場価格ではさらに高額になるとも言われています。

府に移管された高校のうち、東淀工業高校、泉尾工業高校、生野工業高校の3工業高校は統廃合の方針決定がすでになされており、廃校後に土地等が民間に売却されるなどした場合、大阪府の収入となります。市立のままであれば、高校を廃校にしたとしても、跡地を有効利用したり、コロナ対策など大阪市民のために使ったりできたはずです。

以上のように、「二重行政のムダ」のイメージだけが独り歩きし、一元化として没収されるのは、実は、市民に身近なサービスや財産だったのです。

グローバル競争に勝つために多くの人々が「必要とされなくなる」

維新が「二重行政の解消」として大阪市廃止（大阪都構想）にこだわる本当の理由は、苛烈なグローバル競争の中で資本の利益を最大化するための体制づくりです。その実現のために、大阪市役所や市議会の存在は邪魔だったと言えるでしょう。

現在の資本主義社会では、いかにしてグローバル競争を勝ち抜くかが世界各国の最重要課題となっています。その手段として１９８０年代以降に取り入れられてきたのが、新自由主義です。市場原理を尊重し、規制を緩和して民営化を強く推進していきました。

同時に、これまでかろうじて用意されてきたセーフティネットとしての社会保障部門も削減対象になってきました。いわゆる「大きな政府」から「小さな政府」への転換です。これは、本質的には「資本家優遇」であり、「資本家以外の圧倒的多数の生活者のことはもう保護しませんので、淘汰されてください」という、政治的な宣言です。その結果、世界でも末端の生活者が追いつめられ、「底辺への競争」とも表現されるグローバル競争への怒りが高まっています。

このビジョンの実現にあたり、維新にとって目障りなのが大阪市の存在でした。大阪市は日本でも有数の大都市で、富が集中しています。基礎自治体である市町村は住民の暮らしを最優先に考え、富を還元するのが仕事です。グローバリストは逆で「大阪市が公有地を囲っていても無駄なので、海外の有能な資本を誘致して街を活性化する」といった発想をします。彼らにとっては、広域事務や連絡調整事務などを主たる業務とする都道府県のほうが与しやすいのです。

「大阪府に移管しても同じ行政機関なのだから、住民の利益を考えてくれるのではないか」と期待したいところですが、権限とお金が広域地方公共団体に移れば、住民の声は届きにくくなります。グローバリストにとって、その分介入できる領域は増えるわけです。

橋下氏は「これからの若い人はアジアの労働者と賃金においても競争するんだ」といった主旨のことを述べています。これはグローバリストとしては真っ当な意見で、資本家が大いに喜ぶ考え方です。

「グローバル競争を勝ち抜く日本」を至上とする人たちには一見、説得力があります。現に日本もグローバル競争に参加しているのは事実で、「時代の流れでやむを得ない」と受け止める人もいるかもしれません。この国の舵取りを考えた時に、グローバリズムをこれまで以上に推進するという選択肢があるのは確かです。

しかしその際、忘れてはならないことがあります。グローバリズムでの勝利を目指すということは、「能力主義を先鋭化させ、能力によって人間が淘汰される社会とセットである」ということです。多くの人間は必要とされなくなり、生存すら危ぶまれる社会に向かって突き進むことになります。

グローバリストはそうした弱肉強食による犠牲は承知の上です。何より自分は生き残る側の人間だと信じて疑いません。そういう考えをもとに、効率が良く、より高性能な日本社会をつくり、国際競争力を取り戻すというのが、維新が思い描く国づくりの姿です。

もっともらしく聞こえたり、日本がこれから世界で生き残るためにはそうするしかないと思ったりする人がいるかもしれませんが、必ずしもそれが最適解とはいえません。

私たちは、違う社会をつくることもできるのです。

自分や他者が弱った時には、当たり前に保障が受けられる、支援が受けられる。この世でたった一人になった瞬間があったとしても、何があっても心配するなと行政が安心させてくれる——政治次第でそうした社会をつくることができるのです。

そのためには市民が自分たちの自治や政治を取り戻さなければいけません。

2度も否決された都構想

「都構想」という言葉には実体がなく、実際には「大阪市廃止・特別区設置」のことをおおむね「都構想」と呼んで宣伝されていました。以降、「大阪市廃止・特別区設置（都構想）」「都構想」「大阪都構想」という表記が混在していますが、全て同じものを指すと考えてください。

２０２０年11月1日、「大阪市廃止・特別区設置（都構想）」は大激戦の住民投票の末、否決されました。

賛成　67万５８２９票（49・4％）
反対　69万２９９６票（50・6％）

反対が賛成を1万７１６７票上回り、大阪市存続が決まりました。

「反対」していた私は、途中まで賛成が上回っていたテレビの開票速報を「やられたか」と寿命が縮む思いで見ていました。最後の最後に反対票がドンと積み上げられて「大阪市廃止・特別区設置（都構想）」が阻止された時には、まさに九死に一生を得た思いがしました。

「大阪市廃止・特別区設置（都構想）」を推進する側には、圧倒的ともいえる〝物量〟がありました。大阪において10年間の与党という社会的地位、議員（つまり運動員）の数、資金、マスコミ……。一方の「反対」側は、ほぼ手弁当です。「大阪市廃止・特別区設置（都構想）」を反対多数に導いた大阪市民の力は、奇跡としか言いようがありません。

以来、私は「大阪市廃止・特別区設置（都構想）」阻止を新しい大阪のスタートにしたいと考えてきました。それはもちろん、「賛成」に投票した方が期待した内容を受け止めた、真の「新しい大阪」です。

「大阪の成長」も〝だまし絵〟だった

この「大阪市廃止・特別区設置（都構想）」住民投票の際の世論調査によると、賛成理由の二大巨頭は、「大阪の成長」「二重行政の解消」でした。松井一郎市長や吉村洋文知事、橋下徹さんのお得意フレーズとして、テレビやメディアでさんざん流されてきたものです。しかし、このワードにはカラクリがありました。

実は住民投票が間近に迫っていた2020年10月9日、大阪市内の中央区地域振興会（町内会）が主催するかたちで行われた「大阪市廃止／都構想勉強会」に、私も一住民として参加していました。その際配布された「特別区設置協定書（説明パンフレット）」に記載されていたグラフが「大阪の成長」をミスリードする、都構想最大の〝だまし絵〟になっていたのです。

ちなみに、このパンフレットは2億円かけて180万部程度印刷され、大阪市内の全戸に配布されました。なお、パンフレットのタイトルには「大阪市廃止」と記されていませんが、わかりやすさを重視するため、以降、パンフレットを「大阪市廃止・特別区設置（都構想）」協定書パンフレット、または単にパンフレットと呼びます。

では、さっそくカラクリをご紹介します。

私が参加した勉強会では、大阪市の副首都推進局の担当者がこのパンフレットを用いて説明しました。会場からは、

「特別区になれば財源がなくなり、住民サービスが切り捨てられるのではないのか」

といった不安を抱える人たちからの質問が多く出されました。大阪市を消滅させ、4つの特別区にする分割コストがかかるのに、国からの地方交付税交付金は増えません。さらに大阪市の財源約2000億円は毎年大阪府に取られてしまい、住民サービスが維持できる保証がまったくないのですから、こうした疑問を抱くのも当然と言えるでしょう。

しかしながらこうした不安に対し、担当者はパンフレット33ページの「特別区の財政シミュレーション」にある、特別区は右肩上がりのプラス収支になり、特別区がお金を使える額（財源活用可能額）が増えるというグラフを示し、「特別区の財政運営は可能です」との説明をしました。

この学習会の中だけでも、何度もこのページを用いて同じ説明をしていました。次に掲げるこの「33ページ」が、大阪市のいわゆる鉄板ネタになっていたのです。

特別区の財政シミュレーション

- 特別区を設置した場合に、４つの特別区の財政運営が将来的に成り立つのかを検証するため、一定の前提条件をおいて推計しました。
- 推計した結果では、全特別区において収支不足は発生しておりませんので、特別区の財政運営は可能です。

特別区全体の収支見通し

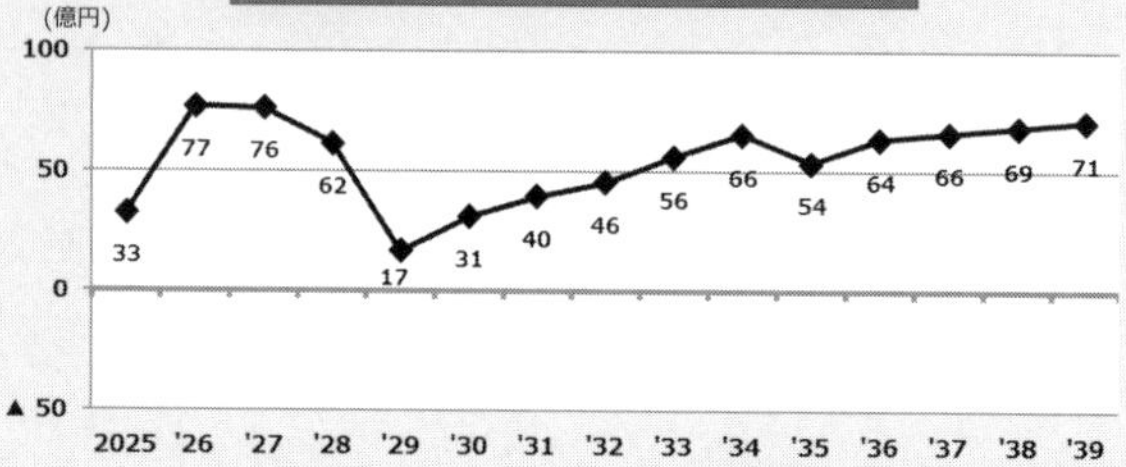

- 2029年の収支の落ち込みは、大阪市における借入金の返済が一時的に多くなるためです。

特別区全体の財源活用可能額

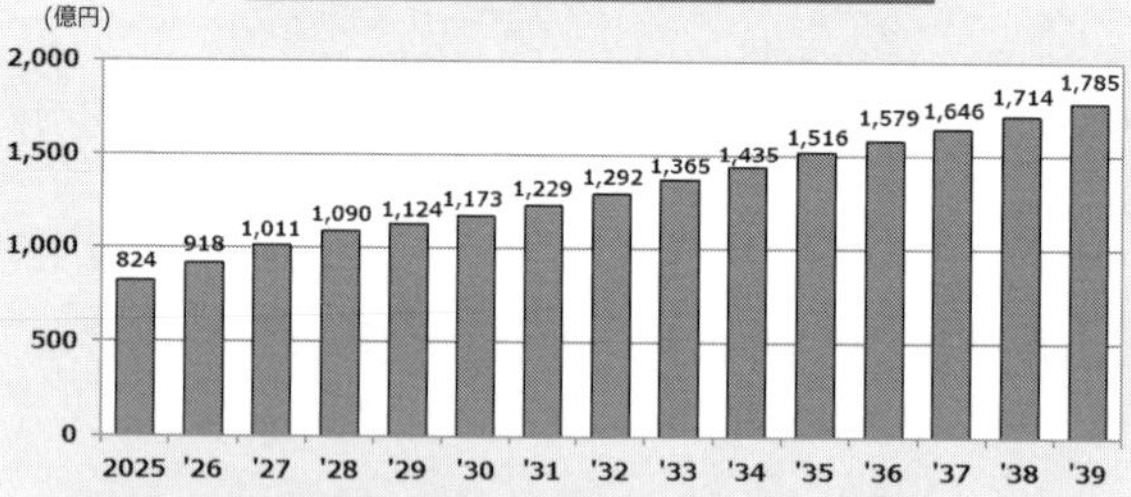

- 特別区全体の財源活用可能額は、特別区に承継される財政調整基金に、「収支見通しのプラス分」、「区財政調整基金の活用による減」、「大阪府に承継される財政調整基金からの配分による増」を累計したものです
- 財源活用可能額の実際の取扱いは、特別区長のマネジメントによります。

※ 税収の伸び率など一定の前提条件をおいたうえで行った粗い試算であり、相当の幅をもって見る必要があります。

33

そして、この右肩上がりのグラフによって、多くの住民が「大阪の成長を止めるな」という何度も繰り返されるフレーズを想起し、「大阪市廃止・特別区設置（都構想）」によって大阪が成長するという錯覚に誘導されてしまったのです。

ここまで堂々と説明されると、「財源がなくなるのでは」と心配していた住民も「ほんまかいな」とは思いつつも、シミュレーションという御旗のもとに、何も言えなくなってしまいます。そこにカラクリがあったのです。

都構想とはまったく関係のない数字を示して強弁

会場からは次のような質問が出されました。

「パンフレット33ページのご説明の意味がちょっとよくわからなかったんですけれども。大阪都構想によって成長の好循環を生む、だから税収が増えるということで黒字になる、そういう意味ですか？」

その質問に対して、大阪市の担当者は否定せず、うなずく様子を見せました。

私は、驚きました。

ここは本来ならば、うなずいてはいけない場面なのです。事実ではないからです。心ある役所の担当者であれば、うなずかずに「そういう意味ではありません」と、ちゃんと事実を説明しないといけません。もちろん、大阪市の担当者は「そういう意味です」と虚偽発言まではしませんでした。そこが、維新の市長・知事を忖度する役人のテクニックなのです。

私は放っておくことができず、その場で立ちあがって大阪市の担当者に言いました。「ちょっと待ってください。グラフの右肩上がりの意味は、『大阪都構想によって成長の好循環をうむ』というものでは、ないですよね」

そうすると、さっきうなずいてスルーしようとしていた大阪市の担当者は、「そのとおりです」と、認めました。

このやりとりは一体何を意味するのか、そのカラクリをご説明します。

パンフレット33ページの「財政シミュレーション」グラフが右肩上がりになっているのは、実は「大阪都構想によって成長の好循環をうむ」というものとは無関係なのです。それを証明するために、私はファクトチェックとして、グラフの右肩上がりのプラス収支になる成分を分解しました。その結果、その成分には「都構想の好循環による成長」は含まれていないことがわかりました。

見ていきましょう。

パンフレット33ページのグラフの右肩上がり（プラス収支）になる成分はざっくり以下の3つです。このうちのどれか1つが欠けても、右肩上がりのプラス収支にはなりません。

成分① 経済成長による税収増
成分② 地下鉄民営化（2018年に実施済み）による配当金増
成分③ ごみ（一般廃棄物）収集と市民プールの、コストカット額をどんどん増やしていく

しかし、「**成分① 経済成長による税収増**」については、なんと「大阪市廃止・特別区設置（都構想）」とは全く関係がなく、国の経済成長モデル（国が出した1％経済成長の数字）を使用しただけでした。したがって、大阪のみならず、全国どの地域でも同じ成長になります。

国の経済成長モデルとは、2020年1月に内閣府が公表した「中長期の経済財政に関する試算」で示されたベースラインケースのことです。このケースでは、「経済が足元の潜在成長率並みで将来にわたって推移する姿を試算」「経済成長率は中長期的に実質1％程度、名目1％台前半程度となる。また、消費者物価上昇率は、0・8％程度で推移する」というモデルになっています。その成長によって、全国一律（！）で、税収も1％程度右肩上がりに増えていくという試算です。

要するに、わざわざ「大阪市廃止・特別区設置（都構想）」しなくても、経済成長による税収増は見込めるというわけです。

もう少し説明を続けます。

パンフレット33ページに示された財政収支のグラフは年度の収支幅が最大で77億円

程度ですが、国の経済成長モデルによる税収増がなければ、財政収支は2039年までにマイナス700億円に落ち込むのです。桁が一つ違いますね。つまり、グラフにおける「**成分① 経済成長による税収増**」の寄与度は極めて高く、国の成長率設定いかんで大変動してしまう、なんとでも変えられてしまうグラフだということになります。

繰り返しになりますが、国の経済成長率は「大阪市廃止・特別区設置（都構想）」とは全く関係がない数字です。「都構想」とは全く関係のないところで、大阪市が収支見通しを立てていることがわかります。

にもかかわらず、「都構想じゃなきゃ、財政難になる」と大阪市が宣伝して回るとは詐欺ではないですか？　キツネにつままれた思いがしませんか？

これを役所という、公共の組織が平然と行っていることに、私は怒りでいっぱいになりました。住民に対して誠実であるべき役所が、維新政治に忖度し、ここまでの錯覚をあえてつくり出してしまう。これは腐敗以外の何物でもありません。だから、私は維新が嫌いなのです。絶対に維新の行政支配を許してはいけないのです。

（億円）

R13	R14	R15	R16	R17	R18	R19	R20	R21
101	99	101	102	102	104	103	103	102
71	71	71	71	71	71	71	71	71
40	39	41	41	42	43	43	42	42
0.2	0.2	0.2	0.2	0.2	0.2	0.2	0.2	0.2
0.4	0.4	0.4	0.4	0.4	0.4	0.4	0.4	0.4
0.2	0.2	0.2	0.2	0.2	0.2	0.2	0.2	0.2
0.2	0.2	0.2	0.2	0.2	0.2	0.2	0.2	0.2
0.1	0.1	0.1	0.1	0.1	0.1	0.1	0.1	0.1
1	1	1	1	1	1	1	1	1
▲13	▲13	▲13	▲13	▲13	▲13	▲13	▲13	▲13
10	12	15	17	17	17	17	17	17
6	8	10	11	11	11	11	11	11
1	1	2	2	2	2	2	2	2
1	1	1	2	2	2	2	2	2
1	1	1	1	1	1	1	1	1
1	1	1	1	1	1	1	1	1
110	112	116	119	119	121	120	120	119

「市民サービスの悪化」を「成長」に見せかける欺瞞

カラクリはまだあります。

２０２０年２月に大阪府の副首都推進局が作成した上の表（特別区設置における財政シミュレーション〈一般財源ベース〉）によると、例えば「**成分②　地下鉄民営化**」（２０１８年に実施済み）による配当金増については「大阪市廃止・特別区設置（都構想）」と関係がない上に、実際問題、増収になっていません。

■ **改革効果額（未反映額）Bの内訳**

	R7	R8	R9	R10	R11	R12
AB項目	61	80	83	87	95	98
地下鉄	53	71	71	71	71	71
一般廃棄物	17	19	22	27	34	38
下水道	0.2	0.2	0.2	0.2	0.2	0.[illegible]
バス	0.3	0.4	0.4	0.4	0.4	0.[illegible]
港湾	0.4	0.2	0.2	0.2	0.2	0.[illegible]
産業技術総合研究所・工業研究所	0.2	0.2	0.2	0.2	0.2	0.[illegible]
公衆衛生研究所・環境科学研究所	0.1	0.1	0.1	0.1	0.1	0.[illegible]
病院	1	1	1	1	1	[illegible]
▲地方交付税の減額等	▲ 11	▲ 13	▲ 13	▲ 13	▲ 13	▲ 1[illegible]
市政改革プランR2年度以降見込分	0	0	0	2	5	[illegible]
プール管理運営	0	0	0	2	3	[illegible]
スポーツセンター管理運営	0	0	0	0.3	1	[illegible]
委託老人福祉センター	0	0	0	0.2	0.5	[illegible]
子育て活動支援事業	0	0	0	0.2	0.4	[illegible]
（屋内）プール管理運営	0	0	0	0.1	0.3	0.[illegible]
改革効果額（未反映分）B 計	61	80	83	90	99	10[illegible]

すでに住民投票が行われる時点で、２０２０年は新型コロナウイルスの影響で民営化された地下鉄は大幅な赤字見通しと報道されました。その後もコロナ収束のめどなく、配当金増はあてになりません。現に２０２１年度の配当金はゼロでした。今後、たとえ客足がすぐに１００％復活したとしても、そのマイナスを取り返すには何年もかかります。

第一、今まで市営地下鉄としての収入だったものを、民営化して「配当金」と呼び変え、その額を

「純粋な増」とするのもおかしな話です。実体とはかけ離れたものだと百も承知の上で数字を弄び、住民に「右肩上がり」だと説明しているのです。

「成分③ごみ（**一般廃棄物**）**収集と市民プールの、コストカット額をどんどん増やしていく」**ことも、「大阪市廃止・特別区設置（都構想）」とはまったく関係ありません。単なるコストカットであって「成長」ではなく、「市民サービスの悪化」でしかないのです。

つまり、地下鉄、一般廃棄物、プール管理運営が右肩上がりの主な要因であることがわかります。これらのコストカットがゼロになるとマイナス収支になってしまうので、「特別区になってもプラス収支だから財政難になりません」と説明するためにもコストカットは避けて通れないはずなのに、そういう都合の悪い話はしないのです。

「右肩上がり」の正体

しかも、ごみ収集のコストカットについて調べてみると、人員を補充しない人件費削減等で年間42億円（令和21年）、となっています。コロナの感染リスクを抱えながら廃棄物収集している職員を、コロナ第一波のとき褒めたたえておきながら、実際にやることは、人員削減ですか。労働者を非正規化して、グラフをプラスに持っていくのが「大阪の成長」なのですか？

なにより市民サービスの面から考えて、今後も大阪がコロナや災害に見舞われた時、誰がごみを収集してくれるのですか。大都市でごみ収集が滞ると、とんでもない事態になります。労働者の苦労も、公衆衛生の大事さも、全くわかっていないのです。

また、市民プール管理運営費削減も非常に激しいリストラ策です。実は先ほどの表の数字には、プールを24ヵ所から9ヵ所に削減する分が含まれているのです。「特別区になっても住民サービスは維持します」って、いきなり、ウソついてますやん……。この件について議会で議員に追及されると、大阪市は「まだ決まってない、特別区の工夫次第」なんて言っていましたが、年間12億円（令和21年。「プール管理運営」と「（屋内）プール管理運営」の合計）の削減となっています。プールそのものを廃止しない限りは無理です。

これら市民サービスの「マイナス」成分をつくることによって、支出（マイナス）の削減（マイナス）だから、グラフ上、「収入」（プラス）に見えるというのが、「右肩上がり」の正体だったのです。これのどこが「大阪の成長」なのでしょうか。

この件で、「都構想で市民プール削るんかい」の批判の声が高まったことに焦った維新市議は「これによってプールがなくなるという誤解を与えた事は事実」「ここは外す様に行政にも求めていきます」と言いました（２０２０年10月11日藤田あきら維新市議のツイート）。

それを受けて、「市政改革プラン3.0」に基づく大阪市の説明では、「プールの削減などは決まっていない」とされました。しかしそれでもなお、財政シミュレーションにはちゃっかり含めているのです。なぜなら、それを含めないと、マイナス収支になってしまって「特別区」は財政難になってしまうからです。

これって、一般的に言って「詐欺」にあたりませんか？

大阪市役所が、維新市議に忖度して、詐欺まがいに、説明を使いわけているのは、おかしくないですか？
その忖度にかかる費用、公金ですよね？

維新も大阪市も、市民に「大阪の成長で右肩上がりになるのか？」と聞かれたら、「私たちは、『都構想とは関係のない、国の経済成長率による税収増（成分①）』と、『本当は赤字だけど皮算用で黒字とした地下鉄の配当（成分②）』と『市民サービスを低下させること（成分③）』によって、収支を右肩上がりに導きます」と、ちゃんと説明しないといけません。よりわかりやすいビジュアル解説は、私のブログ記事「都構想・最大のだまし絵「大阪の成長」に要注意」（https://www.oishiakiko.net/2020-10-13-tokoso-seicho-uso/）にありますので、ご確認ください。

豪華客船から「身を切る改革」を叫ぶ維新

2021年10月末の衆議院選挙の直後から、文書通信交通滞在費（文通費）の日割り支給問題が国会で取り上げられていたのは、ご記憶に新しいのではないでしょうか。

文通費は、国会議員に支払われている月額100万円の公費です。使途は、文字通り読めば、文書作成や、通信費、交通費、滞在費などとなるのですが、実際にはあいまいで、人件費に使えるのかどうかといった具体的な判断がしにくいものでした。

しかも、報告の必要がないので各自の判断で使用しても支障がないという、あいまいな運用で使えるものです。

私には、この文通費は、気持ちがモヤモヤするものでした。国会議員になったとたん、新たな事務所や人件費など初期費用とランニングコストが待ったなしに襲い掛かってきますので、貯蓄が十分でない私は、得られる資金はすぐに使っていかなければなりません。

しかし、私にとっては、1円であっても、あいまいな運用の下で、お金を支出するのは、非常に気持ち悪いのです。これは、もちろん倫理観の意味もありますが、後で揚げ足を取られないための防衛の意味もあります。

それから、このようなあいまいな運用で、ろくに活動もしない議員が、好きに使っているのを想像すると腹が立つという気持ちも、もちろんあります。そういう堕落した議員や政党が温存してきた迷惑な制度だなと思いました。しかし、それらの勢力に取って代わるために、得られる資金は、揚げ足を取られないように速やかに使っていこうと割り切りました。

また、この文通費については、先の衆院選（２０２１年10月31日投開票）で当選し、10月の在職日数が１日だけの新人議員にも全額が支給されました。これは、当選月の支払いが日割り計算となっていないことによります。えらいざっくりしとるなあ、と思いました。

しかし、上述のとおり、少数会派・れいわ新選組の唯一の近畿ブロック選出議員という私にとって、１日で得られる１００万円も必要な初期投資費用として、使えるものは使わざるをえない状況でした。近畿にお住まいの方々が寄りやすい場所に事務所を構え直したり、すでに膨大に来ている要望や招待に対応していく体制をつくったり、１００万円もあっという間に消えていく状況です。

それに比べて、大政党の自民・公明・維新などは、こんなことをしなくても、けた違いの政党交付金で、いくらでも各地の拠点を建設していけます。まるで大海原で、豪華客船に乗った自民・公明・維新が、立派なスーツに身を包んだ新規の船員を迎え入れている横で、ライフジャケットだけ着て波間を漂う私が、流れてきた筏《いかだ》に「助かった！」と言っているような構図です。

ブーメランも維新のしたたかな計算

そんな状況下で、日本維新の会の衆議院議員が、「文通費を1日で満額もらうのは、おかしい」と問題提起し、注目を集めました。「維新は政治資金の流れを透明化し、国民の皆様への説明責任を果たす」「我々は文通費公開に限らず、これからも身を切る改革を実行していきます」と、立派なスーツを着た議員が、どや顔で言い出したのです。

そのころ、荒波に悪酔いしながら筏に乗りかかった私が「はあ⁉」と思った心情を、一人でも多くの方にご理解いただきたいものです。

「文通費けしからん、やはり身を切る改革だ」と維新の新人議員が声を上げる「わかりやすい」構図に、いつものようにテレビ局が注目した時、私の心は冷め切っていました。ああ、またかよ、と。おたくら何を言っているんだ、と。よく考えていただきたいのです。

維新もテレビ局も、桁違いの大資本です。彼らは正直、１００万円など何とも思っていないのでしょう。例えば維新は創始者・橋下徹さんに90分２００万円以上の講師料を払うくらいです。

この流れをさらに煽るために、吉村洋文大阪府知事は、ツイッターにこんな投稿をしました。

〈維新の新人議員、小野さんから。なんと10月分の文書通信交通滞在費１００万円が現金で満額支給されたとのこと。10月分？選挙の投開票日が10月31日なんだけど。どうやら1日だけでも国会議員の身分となったので、10月分、１００万の札束、満額支給らしい。領収書不要。非課税。これが国会の常識。おかしいよ〉

（２０２１年11月13日）

このツイートは、天に唾する内容、つまり、完全に吉村知事の〝だまし絵〟でした。

吉村氏は、2015年、大阪市長選に立候補するために衆議院議員を辞職した際、自身もたった1日で100万円を受け取っていた過去を棚に上げ、「身を切る改革」の一環として勇ましくアピールしていたのです。

しかも、衆議院選挙の当選議員は当選日を選べませんが、衆議院議員を辞職する議員は、辞職日を選べます。吉村氏が辞職した日は10月1日。おかしくないですか？出馬を表明し、辞職を公言したのは9月下旬でしたので、通常なら9月末に辞職しますよね。

そこで私は、裏を取った上で、反論のツイートをしました。

「吉村知事が衆議院議員を退職した2015年10月1日。10月の文通費100万円を受け取ったか、衆議院担当部署に問い合わせたら『100万円受け取った』『返金してない』との回答でした。吉村さんと維新はこの6年間、何をやってたんですか？

『やる気がないのに騒いでいるだけ』なのが明らかになりました」（2021年11月15日）

このツイートは瞬く間に拡散し、テレビのニュースにもなりました。

吉村知事は、さすがにばつが悪かったのか、その後「ブーメランが刺さりました。きっちり対応しておくべきだった」と反省したふりをしました。

しかし、その後も、文通費問題に関するテレビのニュースでは、吉村氏の失態を扱ったのは一部の報道にすぎず、吉村知事も相変わらず「たった1日でみんな100万円もらっているのはおかしい」「本当に税金に群がるシロアリだと思います」と自分を棚に上げたコメントを垂れ流し続けました。

退職日を意図的に1日延ばし、文通費をたった1日で100万円受け取った狡猾な人物が知事になり、他党を「シロアリ」呼ばわり。これがまかり通る世の中なのか、と情けなくなります。大阪で、そして今や全国でも、維新をひいきするテレビ報道が多いため、維新には「多少、ブーメランが刺さっても、攻めの姿勢を貫いたほうがプラスになる」というしたたかな計算が働いているのでしょう。

「身を切る改革」を、豪華客船で絶叫する金持ち連中と、それを聖人君子のように取り上げるテレビ局――まったく信用できない組み合わせですが、それぞれの組織の中で「おかしい」と思う人がいるでしょうし、何より住民の方も徐々に気づくでしょう。

第5章

息苦しさの正体

——無意味な競争、やめませんか？

在阪メディアへの期待

「関西のマスコミは維新の会にすり寄りすぎだ」

週刊誌などでたびたび、そう叩かれるのを目にします。2022年正月の民放（関西ローカル）のバラエティー番組には、橋下徹、松井一郎、吉村洋文の3氏がそろって登場し、トーク番組さながらに自分たちの政治活動を語り合う様子が放送されました。松井氏は日本維新の会代表、吉村氏は副代表とテロップで肩書を紹介され、「いつか総理になると思う人」という質問に、橋下氏、松井氏がそろって「吉村さん」と答えるなど、維新支持者でなければ見ていて居心地が悪くなるような偏りのある内容でした。他の政党からの出演者はおらず、維新の宣伝番組と指摘されても反論できない構成になっていました。視聴者からの批判も多かったようで、テレビ局側は番組審議会を開き、3人への出演依頼は高視聴率を意識した結果だったなどとする調査結果を明らかにしました。

在阪の新聞記者に聞いたことがあります。新聞社の東京本社には政治部や経済部、外報部や社会部などたくさんの部がありますが、大阪本社は昔から社会部の天下なのだそうです。とりわけ事件報道の比重が高く、同じ事件記事でも東京の紙面に比べると大きく扱われる機会が多いと言います。東京には国会や霞が関の官庁街などがあってニュースに事欠きませんが、大阪はその点でどうしても事件報道に頼った紙面構成にならざるを得ません。

そうした紙面に変化を与えたのが、橋下徹大阪府知事の登場でした。「橋下さんの一挙手一投足を知りたい」という読者のニーズは高く、松井氏、吉村氏と続く個性的な維新のメンバーは、紙面のアクセントに欠かせない存在となりました。

大阪には東京への強い対抗意識があります。その期待を背負う人物としてマスコミが白羽の矢を立てたのが橋下氏でした。もちろん記者たちは批判記事も書きますが、維新が安定的にニュースを供給してくれるのは非常にありがたいのです。そんな持ちつ持たれつの関係が出来上がりました。視聴率を意識するテレビ局もよく似た状況と言えるでしょう。

インターネット空間では維新への批判は数多く見られるのに、在阪メディアが維新を批判しないのは、週刊誌や夕刊紙の記者には奇異に映るようです。メディア関係者の説明を聞くと「なるほど」と合点がいくのですが、マスコミというのは遠くの権力者には強気で立ち向かう姿勢を見せるのに、身近な権力者にはめっぽう弱い特性があります。

例えば、日本には全国紙とは別に、地方紙と呼ばれる新聞があります。都道府県の地元のニュースを中心に扱う新聞です。地方紙は一般的に中央政府に対して奔放な批判をします。全国紙が「安倍政権に及び腰だ」と批判されていたころ、最も批判的な紙面を展開していたのは一部の地方紙でした。ただ、これが対地元の権力者となると、様相が一変します。知事でも警察でも相手が日常的な取材対象になると、鋭い舌《ぜっ》鋒《ぽう》に陰りが見えると言います。

つまり、情報をやり取りする直接の利害関係者には、批判が甘くなりがちなのです。東京の官邸記者クラブと安倍政権の関係は、地方のメディアと知事の関係によく似ています。人気のある大阪府知事に在阪メディアが及び腰なのも、同じ文脈で捉えるとよくわかります。

これはメディアの構造的な問題かもしれませんが、不偏不党を掲げている以上、業界内部でしか通用しない理屈から、そろそろ卒業する時ではないでしょうか。権力者とメディアが「共存共栄」の関係を志向すれば、不利益を被るのは市民です。世界各国で政治家やマスコミなどエリート層に対する反乱が起きています。とりわけマスコミへの批判的な視線は、以前にも増して強くなっています。「維新と蜜月を続けてきてしまった以上、もう後には引けない」と及び腰になる必要はありません。権力に忖度しない姿勢こそが、報道機関として読者や視聴者の信頼を取り戻す王道のはずです。

保育園入れたらラッキー？

大阪府庁時代の２００９年秋に子どもを出産しました。産休は約半年でした。共働き世帯の多くのお母さんが苦労されているように、子どもを保育園に入れるのは本当に大変でした。「待機」という言葉は聞いたことがありましたが、両親が働いているのに、子どもが保育園に入れないなんて想像もしていませんでした。妊娠した時、職場の先輩に「保育園がもし待機になったら大変やから、見学とか根回しとかやっといたほうがいいで」と言われました。そんな必要はないとのんきに構えていた時には、もうレースは始まっていたのでした。

私の娘は11月生まれです。私が希望した保育園では、4月の時点で生後半年になっていない子どもは、入園が不利になるケースがあるということを初めて知りました。4月の一斉募集に間に合わせたいのなら、10月30日までに出産していないと対象外になってしまうのです。予備知識のある人は早回りして家族計画を立てると聞きましたが、利用者にそこまでの対策を求めるのは無理というものです。

11月生まれがネックとなり、うちの子にはやはり待機という連絡がきました。「何とか入れてもらえないか」とお願いしても無駄でした。半年で仕事に復帰したかったので、民間の無認可保育所を探し出し、手付金と4月分の保育料を払い込みました。するとその後、大阪市から落ちた保育園の「空きが出ました」と電話が掛かってきました。私の子の場合、11月生まれでも10日程度の違いだったので、入園できる優先順位が高かったそうです。しばらく慣らし保育をすれば入園可能との連絡でした。

電話口の区役所の担当者は「ラッキーでしたね」と何だかうれしそうです。私と一緒に喜んでくれるつもりだったのかもしれません。気持ちはありがたかったのですが、行政側が保育園の整備を怠っておきながら、「おめでとうございます」はないと思うのです。

私の「待機体験」の数年後、国会では山尾志桜里議員が「保育園落ちた　日本死ね!!!」の問題を追及しました。まさに同じ気持ちでした。「なにが女性活躍社会だよ!　くだらんこと言う前に保育園つくれ」と怒り心頭でした。保育園が見つからず、場合によっては退職に追い込まれる女性もいます。人生が変わるほどの一大事を、なんと軽く考えているのか、と。

国は少子化が進む現状を前提に、今は一時的に保育園が足りなくても、いずれは解消すると考えている節があります。政府の鈍い動きには「何年か持ちこたえれば、待機児童のピークは過ぎる。かつては家庭で女性が子どもを育てていたのだから、保育に専門性は必要ないし、人件費が安くても構わない」という誤った意図が透けて見えます。

れいわ新選組は、こうした保育従事者に加え、介護従事者の賃金もそれぞれ月額10万円アップさせるとともに人手不足を解消するよう公約に掲げ、政府に迫ってきました。しかし、岸田文雄内閣は閣議決定で両者に平均給与の3％程度の賃上げしか認めませんでした。実際には9000円にも至りませんし、この金額では焼け石に水です。日本という国がケア労働を軽く見ているのは、すぐに改めなければいけません。

なぜ女性議員が少ない？

16年間大阪府庁にいて感じたのは、男性社会において、男性はなんと意見が言いにくい存在なのかということです。「反論すべきところは反論したほうが、かっこいいんじゃないかなあ」と思うのですが、とにかく意見が言いづらい、または、意見すら浮かんでこないようなのです。立場が下の者には強い態度で出るのに、上司には条件反射的にへりくだってしまう残念な職員もいて、それはおおむね男性でした。

一方、職場で率直に意見を言っているのはたいてい女性でした。上司の大半が男性なので、女性の意見にわりと寛容な側面もあったかもしれませんが。ある時、〈職場で意見を言うことができるか〉というアンケートを労働組合で取ったことがありました。〈上司に意見を言いにくい〉と回答したのは女性のほうが多くて、「いや意見言ってるのは女ばっかりなのにな」と、もう笑うしかなかったです。男性の同僚に「ほんまは意見言いにくいでしょ？」と尋ねてみると、「特に意見がないから、言いにくいとは感じていない」という答えが返ってきました。「意見が言いにくい」という感覚は、自分の中に意見があって初めて生じるものです。もし意見すら持てないとすれば、だいぶ生きづらい職場です。

男性優位の社会と言われます。「では生まれ変わったら男性になりたいか」と聞かれた時、イエスと答える女性はそれほど多くはないと思います。社会システムや組織で頂点に立つのは男性が多いものの、それはごく一部の人だけです。他方で、敷かれたレールからはみ出さないように、有形無形の圧力を受ける機会は女性よりも男性のほうが多いのではないでしょうか。組織の中では女性以上に逃げ場がない気がします。女性にとって窮屈な状況が改善されないのは、男性だけが人生を謳歌しているからではなく、男性にとっても社会が息苦しいからです。男性が年休をすべて消化できる環境でなければ、結局、女性も休みを取りにくいのです。だからすべての人が休みを取りやすい職場が必要です。

「なぜ女性議員はこれほど少ないのでしょう」という意見をよくいただきます。原因は「男性が働き過ぎるから」という一点に尽きると私は考えます。他の職業と同じで「働き過ぎる男性」と同じ働き方を要求されると、女性が仕事と育児を両立するのは難しくなるのが現状です。「国会の合間に地元に帰って駅頭で朝立ちしたほうがいいよ」とアドバイスしてくださる人もいますが、子どもがいて議員活動もしてとなると簡単ではありません。「男性と対等」という考え方そのものを問い直す時代が来ていると思います。

息苦しさの正体

２０１３年の冬ごろから、大気汚染物質が注目されるようになりました。私は当時、大阪府庁の環境監視グループで「ＰＭ２・５」の濃度を監視するシステムの運営担当をしていました。３歳の娘が毎月のように風邪を引くので「子どもを看るか」

「緊急の仕事は外してもらうか」という選択を何度も迫られました。

多忙な職場でありがちなのは、「使える」か「使えない」かで職員が判断され、いったん「使える」側に入れば酷使され、そこから外れた人は「使えない」と認定される二極化問題です。私の部署もそうでした。仕事はやりがいがあり、同僚に信頼されて職務を全うするのは喜びでしたが、「使えない」と思われるのは嫌だったので、無理をしてがんばりました。ふと気がつくといつの間にか、精神的にも肉体的にも自分の容量を超えていました。

同じ時期にインフルエンザのピークシーズンが訪れ、家では子どもがインフルエンザにかかった場合に備えなければなりませんでした。子どもが感染すると5日間は出勤できなくなるので、職場では事前に仕事が回るよう作業をマニュアル化しておく必要があります。共働き世帯の母親が抱える共通の悩みですが、なかなか理解してもらいにくい裏方仕事です。

そういう状況をわかってくれない上司は、重要な仕事をどんどん私に振ってきました。追い詰められた私は、「子どもが熱を出せば、明日にでも仕事が回らなくなる。

仕事をフォローしてほしい」と決死の思いで上司にメールを送りました。上司からは何の応答もないまま、娘は10日後にインフルエンザにかかりました。家でぐったりしている娘の横で、急ぎの業務を引き継ぐために、あちこちにメールを送らなければなりませんでした。

やるせない気持ちになりましたが、職場では私だけが忙しいわけではありません。「育児を理由に残業を免除された職員」として、むしろ配慮されているほうだったかもしれません。残業を免除されていない職員たちは、忙しそうに仕事をさばいています。そうした現実を目の前にすると、「私はまだましなほうだ」と考えるしかなくなってしまいます。

過酷に働かされると、仕事が忙しくて人のことに目を向ける余裕がありません。育児や妊娠、持病や家族の介護など、事情を抱えた職員たちのことは、支えざるを得ないけれども、やはりどこかで周囲の同僚たちは負担感や我慢を感じていると思います。当の本人も「仕事ができる人」と認定されたところで、必ずしも心が満たされるわけではなく、どこかで大きなストレスを抱えています。事情を抱えた職員も自らの権利を主張しにくくなり、みんなお互いに我慢を強いられるので結局、誰も幸せになっていません。

これこそが、社会全体に蔓延している息苦しさの正体ではないでしょうか。日本では「この苦しい状況からみんなで脱出しよう」という前向きな解決策ではなく、「自分は被害者だ」「自分もこれだけ大変なのだから、あなたもそうなるべきだ」というように、後ろ向きな方向へと引きずられがちです。このストレスだらけの社会を変えたくて、私は労働組合で何より人員増を働きかけてきました。解消するには、誰にとっても時間とお金に余裕がある環境が必要だからです。

日本の政治についても同じことを感じます。私は政治を良くするには、何はさておき市民が政治活動に関心が持てる時間と心の余裕が必要だと考えています。日々の生活の中に、もう少しその余白があれば、世の中は変わっていくと信じています。今の日本社会は、みんなが生きるのに汲々《きゅうきゅう》として、政治参加以前の状態にあると思うのです。これは権力者にとって、とても都合のよい状況です。

「しんどい」でも「身の回りでこんなことがあった」でもいいから声を上げてほしい。声を上げることは、「自分たちは市民である」と自覚する第一歩になります。私たちは政治に対して要求をしていいんだとあらためて確認することができます。その余裕を取り戻すために、政治は衣食住に関する市民の心配を、まずは取り除かなければなりません。

インクルーシブ教育を目指す理由

私は少人数学級を実現する活動とともに、すべての子どもが普通学級で学べる公教育（インクルーシブ教育）の実現を目指す活動に関わっています。一緒に活動する保護者の息子さんであるA君は、実にいろいろなことを教えてくれます。

A君は、ダウン症の男の子です。初めて会った時、私の腹にいきなりパンチをしてきました。「ちょっと何するん？」と苦笑いして、今日はまだ気に入ってもらえなさそうだと思いながら、横に並んでとぼとぼ歩いてみました。

すると、A君はごく自然に私と手をつないできました。ちょっとときめきました。最後には、行った先のランチで、私にパスタの給仕をさせ、そして私のパスタまで食べました。なんと愛すべき傍若無人！　でも、ランチに同席していた年下の女子生徒には、デザートを奪うことをしませんでした。そうやって、こいつにはここまでやっても大丈夫や！　という空気を絶妙に読んでいるのです。

学校でも同じようにして同級生と仲良くしていると聞きました。こうやって人との距離を縮めていくのが、A君の得意技なのです。子どもたちは大人とはまた違った方法で、人間関係をつくっていきます。

A君は、障がいを理由に、最初は地元の公立小学校から入学を断られそうになりました。幼稚園で一緒に通っていたお友達がたくさんいる公立学校です。障がいの有無を理由にみんなと一緒に学べないのはおかしいと、ご両親が署名活動をして賛同者を集め、入学できるようになりました。その際、学校は「入学を断ったつもりはなかったんですよ」ふうの対応だったとか。そういう陰湿な排除のされ方によって、地域の学校に通いたくても通えない子が少なくないのだろうと思います。大規模に署名を集めないと入学できない状況は絶対に変えないといけません。

ところで、障がいのある子というと、大人は、学校でいじめに遭わないか、すぐ心配になりませんか？　私自身も、知識・経験がなく、そのような不安は正直持っていました。しかし、A君とそのご両親の実践によって、私たちは全く違う世界を見せてもらっているのです。幼稚園ですでにお友達がたくさんいたこともあるかもしれませんが、A君とクラスの子どもたちはすぐになじんだといいます。A君は男女問わず人気者で、A君に必要な手当ては子どもたちが自然にやっているそうです。

驚いたことなのですが、A君のクラスでは、他のクラスにない変化が見られるようなのです。例えば体育の走り高飛びの授業では、高く飛べた子だけでなく、飛ぼうとした全員にみなが自然に拍手を送るようになったといいます。A君のお母さんは、差別を恐れるのではなく、飛び込んでいくことで周りと一緒に化学変化を起こし、A君が豊かに生きることができる社会をつくろうとしているのです。強い生き方だなと感動しました。その背景には、人間は互いに愛せる、なんとかなるというご両親の大らかさが感じられます。

A君や周りの子どもたちのように、常識をぶち壊してくれる存在は、窒息しそうな私たちを解き放ち、心を豊かにしてくれます。人間は、まず何より、ありのままに人を愛せるのだということです。大事なことは、まずそれです。そして、自分ひとりの力で生きることはできないので、迷惑の掛け合い上等の精神が必要なのだと思います。

無意味な競争はもうやめませんか？

私たちの社会の成り立ちは、資本主義を抜きには語れません。資本主義によって人類は飛躍的に生産性を高め、豊かな生活ができるようになりました。科学技術が発展し、富の蓄積も可能になりました。人類の進歩の過程で通るべき道筋だったのだと思います。

しかし、資本主義を存続させ、発展させようとする際に、多くの血が流れてきたのも事実です。資本の拡大を唯一最大の目的とする資本主義は、人類を必然的に資本の争奪に向かわせ、それには物質的な強制力である「暴力」を伴い、その究極として軍事戦争を引き起こしてきました。そして今、第三次世界大戦の危機の中にあります。

足元に目を移せば貧富の差が拡大し、社会不安の大きな要因となっています。岸田政権の掲げる「新しい資本主義」も資本主義に行き詰まりを感じているから出てきたスローガンです。しかし、それもこれまでの新自由主義路線の延長を、ケチな装飾でごまかしているにすぎず、維新はそうしたケチな装飾よりも「これまで来た道を貫け。国際競争に打ち勝て。解雇規制の緩和だ」と逆方向から政権を揺さぶろうとしています。

その競争、意味ありますか?

多くの人は資本主義の限界を認識し始めています。私たちの社会は、生産性が十分高い段階にまで発展してきました。その生産力を活かしてすべての人がもっと自由に豊かに生きられることは十分に可能です。介護、育児がしんどい労働として扱われているけれど、そのしんどさを取り除き、人が人を慈しむことは全くもって可能なのです。

いまだに「生産性向上」のためにあくなき競争をし、人間の価値を生産性によって線引きし、生産性が低いとされた人が生きる価値がないかのように社会に刻印を押され、行き場を失うのは、もったいないとしか言えません。

その無意味な競争をやめませんか？
どうやったら状況を変えられるでしょうか？

そこに政治の果たす役割は大きいでしょう。政治を握るオーナーはあなたです。

おわりに――この社会は変えられる

大阪府庁を辞め、れいわ新選組の予定候補になってから当選までの約2年間、寝る前に『じゃりン子チエ』（はるき悦巳《えつみ》）を読みながら、娘とセリフの読み合わせをするのを習慣にしていました。じゃりン子チエは大阪の下町が舞台で、娘も私も好きな漫画です。政治活動をはじめて、土日も夜も忙しくなっていたので、せめて娘と過ごせる時間がほしいという意味もありますし、棒読みになりがちだった自分の演説がこれで改善できるのではという期待を込めました。配役は娘の希望どおりに、私が主人公のチエちゃんと、お父はんのテツ、お母はんのヨシ江の役。娘はそれ以外を担当します。役柄に応じて声質を変え、感情を込めながら抑揚もつけていきます。

普通の会話ではいつも大阪弁を話しているのに、演説になるときちんと話そうとするあまり、慣れない標準語を使ってしまう傾向がありました。そうすると、棒読みだし、内容もなんか自分らしくないよなぁ、と自分の中で感じていたのです。私は人との会話はとても好きで、相手の会話に応じてキャッチボールするのは、得意なほうだと思っています。でも、演説というのは、相手の言葉を受けて行うものではなく、基本的には一方向ですので、ある程度の演技力をベースにして、自分の気持ちを込めていく必要があります。通勤ラッシュを行きかうたくさんの方々と、目が合わなくても、目が合っても、会釈されても、にらまれても、安定して話し続けられると同時に、その方々と呼吸を共にするような演説ができたらいいなぁと思ったのでした。

そうした時に、まずは自分のネイティブ・ランゲージである大阪弁で、かつ、最低限の演技力をつけるためにナレーションかセリフの読み合わせをやってみればいいのではないかと思いつきました。テキストは必然的に、最も美しい大阪弁にして、最もソウルフルな昭和の教科書である『じゃりン子チエ』になったというわけです。

何話続けられるかな、程度の気持ちではじめましたが、私も娘も「チエちゃん」の世界に引き込まれながら、コミックを1冊、1冊と積み上げていきました。そして、朗読のスキルを少しずつ上げていきました。うまくセリフ回しができると、本当に笑えるストーリーでした。とりわけ娘の「おバァはん」と猫の「小鉄」は、親ばかと言われようと秀逸です。大人の私のほうが、やはり上達は遅いのです。

街頭で、国会で、まだまだ未熟ながら、自分の言葉で、自分の気持ちを乗せて、話ができるようになったのは、この積み重ねのおかげです。娘と楽しみながら習得ができたので最高でした。まだ棒読みは治っていないので続けたいのですが、娘に朗読を卒業されてしまいました。18巻くらいまでいったでしょうか。娘に感謝しています。


2022年2月、一通の封書が事務所に送られてきました。封を切ると、中から出てきたのは橋下徹さんからの訴状でした。私が夕刊紙のインタビューで発言した内容が、名誉毀損に当たると書かれていました。「気に入らないマスコミをしばき、気に入らない記者は袋だたきにする」「アメとムチでマスコミをDV（ドメスティック・バイオレンス）して服従させていた」。私としてはありのままの事実を述べただけなのですが、お気に召さなかったようです。

3月に第1回口頭弁論がありました。詳細は法廷で明らかにしていきますが、これまでの経緯はツイッター「#大石あきこ橋下徹に訴えられたってよ」に記されているので、ご興味のある方はそちらをご覧ください。

橋下さんにすれば、自分にかみついてくる生意気な奴に、「歯向かえばどうなるか見せつけてやる」と示したいところなのでしょう。元上司である橋下徹大阪府知事が、元部下である大石あきこの口封じを狙って仕掛けてきた訴訟だと私は受け止めています。売られたケンカですから、もちろん受けて立ちます。

大石あきこ弁護団長の弘中惇一郎弁護士は、記者会見でこう述べました。

「訴訟がブラックユーモア過ぎる。報道の自由は最大限保障されるべきものだから、そういったものを自分が妨げたというのなら、それは最大の名誉毀損だというのが彼の主張。橋下さんの挑発に乗って、いかに彼が報道に対して問題ある態度を取ったかということを主張、立証していきたい」

確かに、橋下さんが起こしたこの裁判。〝オレが報道の自由を妨げたというのか！この夕刊紙と大石め、無駄口を叩けないように訴えてやる！〟みたいなもので、ブラックジョーク過ぎて、「ツッコミ待ち」過ぎて、笑うしかないですよね。〝いやいや、それが報道の自由の妨げやがな！〟と。

訴訟になっても、私も今さらショックを受けるには免疫がつき過ぎていますし、知名度が極端に高い橋下さんに訴えられたことによって、私の知名度も大きく上がったわけです。「うらやましい」と言い出す人までいます。党首・山本太郎も、私が訴えられたとの速報を聞いて、事務室で腹を抱えて笑っていたようです。だから、不思議なのは橋下さんなのです。相手を利する結果になってはプライドが許さないのでは？　待てよ、ひょっとして、橋下徹は、私のことが好きなんじゃないか？　とすら思えてきました。

大阪府庁の朝礼で「ちょっと待ってくださいよ」と異を唱えてから、14年の歳月が流れました。橋下徹さん、よろしいでしょうか？　私は、橋下徹さんのことは嫌いなんですから、「もう私に粘着するなよ、絶対に粘着するなよ！」とお伝えしておきます。


最後になりました。

この本の出版のお話をもらった時に、国会議員になったばかりで、いろいろと時間がないなかで、完成させられるのかなと心配に思いました。なんとか完成できましたが、実際に修羅場をくぐることになりました。書いている途中で、橋下氏に裁判まで起こされているわけですし。今ようやく完成のめどがたってこの終わりのご挨拶を書いていることにホッとしています。

この本を世に出す意義があるとしたら、大石あきこという、必ずしも正義でもなく、不正義でもなく、非凡でもなく凡人でもない一人の人間が、何かに抗《あらが》って、社会に働きかけようともがいている姿を見ていただけることです。

そして、これを読んでいるあなたも同じだと感じていただけたらと願います。

「自分だけが行動しても変わらない」と思うのではなく、すでにあなたは社会に影響を与える一人の主人公であることを、どうか思い出していただき、「自分はこんな社会だったら嬉しい」「私にもこれなら参加できる」「これはガマンならない」など色とりどりの思いを伝え、社会をさらに大きく揺らしていただきたい。そうすればきっとすぐに社会は変わります。

この世の不正が、その波によって打ち消された時、きっと一緒にお祝いしましょう。お読みいただき、ありがとうございました。

2022年6月

大石あきこ

【著者略歴】

大石あきこ（おおいし・あきこ）

1977年大阪市生まれ。大阪府立北野高校、大阪大学工学部を経て、同大学院工学研究科修了（環境工学専攻）。2002年、大阪府庁に入庁し、騒音・大気汚染などの問題を扱う環境職に従事。2008年3月、橋下徹大阪府知事の就任後最初の朝礼でサービス残業に抗議し、話題に。2018年10月末、府庁を退職。2019年4月、大阪府議会議員選挙に淀川区から立候補するも落選。2021年10月、衆議院議員選挙（大阪5区）にれいわ新選組から出馬し、近畿ブロックの比例で復活当選。家族に中学生の娘と夫がいる。

維《い》新《しん》ぎらい

二〇二二年六月一四日　第一刷発行

著者　大石《おおいし》あきこ
発行者　鈴木章一
発行所　株式会社 講談社
東京都文京区音羽二丁目一二―二一　〒一一二―八〇〇一
電話　［編集］〇三―五三九五―三五二一
［販売］〇三―五三九五―四四一五
［業務］〇三―五三九五―三六一五

印刷所　株式会社新藤慶昌堂
製本所　株式会社国宝社

ISBN978-4-06-528298-4 N.D.C.310 205p 18cm

企画協力　メディアプレス
編集協力　永倉　豪